后浪出版公司

漫步威尼斯

VENISE : Itinéraires avec Corto Maltese

[意]雨果 · 普拉特 绘 [意]吉多 · 富加 莱尔 · 维亚内洛 编
李甜 译

四川美术出版社

作者致谢

皮耶罗·莫兰迪（Piero Morandi）、佛朗哥·菲利皮（Franco Filippi）、吉尔伯托·法比亚诺（Gilberto Fabiano）、莱尔·达·莫罗（Lelle Dal Moro）、伊利亚娜·鲁杰里（Ileana Ruggeri）、恩里科·坦图奇（Enrico Tantucci）、勒·加莱·莫西尼戈（Le Gallais Mocenigo）、纳尼·莫西尼戈（Nani Mocenigo）、菲奥拉·埃雷拉（Fiora Herrera）、斯特凡尼娅·梅森·里纳尔迪（Stefania Mason Rinaldi）、米诺·加布里埃教授（Professeur Mino Gabriele）、恩里科·里查尔迪（Enrico Ricciardi）、塞巴斯蒂亚诺·穆尼亚尼（Sebastiano Mugnaini）、维森佐·莫丽卡（Vicenzo Mollica）。

目 录

HUGO
PRATT
78

前　言

在带您游览这几条路线之前，请先允许我多言几句。三十多年来，在漫画大师雨果·普拉特（Hugo Pratt）的陪伴下，我们走遍了无数条旅游路线，这几段旅程亦是来源于此。我们都喜欢漫步闲逛。“和好朋友一起吃吃喝喝”是我们唯一可能的参照标准，剩下的就要看机遇和运气了。

惊喜和探索构成了我们的漫步之旅，为了享受一个漫无目的的旅程，我们需要一本指南。这本指南无须是一本精装书籍，仅仅是一堆随意组合在一起的卡片即可，这是一种类似于塔罗牌的游戏（塔罗牌，有大阿尔卡那牌 22 张，小阿尔卡那牌 56 张）：骆驼商人、四帝共治纪念碑、圣马可飞狮、四摩尔人纪念碑、森林之神雕像、柯罗诺斯雕像、圣马可钟楼……也许就在不久之后，我们将通过一些图画和阐释性的文字来完成这一游戏。这种方式完全符合这座城市的特殊性质——水陆的双重迷宫。

最后，我们更乐意变成一条阿里阿德涅之线，带您远离游客众多的道路的同时，帮助您在街巷的迷宫中辨认方向。我们尽量使路线精确而详尽，希望能给您同样的感受！

如果您和我们这些威尼斯人不同，您并非一个“全职”旅人，那么请您准备好一双舒适的鞋子，跟随自己的心意四处走走就好，因为对这座城市的探索之旅乃是当前的首要乐事。

探险之门

在圣马可北部

Casino d. Spiriti
Sacca della Misericordia
Canale delle Fondamente Nuove
Fond Nuove
Fondamente Nuove
Bateaux Alilaguna pour l'aéroport
Canale della Misericordia
C della Masena
C Boldù
C Lunga S Caterina
Fond Santa Caterina
Rio di Santa Caterina
C della Racchetta
Rio della Racchetta
Fond Sant' Andrea
Rio di S Andrea
C delle Erbe
C Corrente
R dei Albanesi
C dei Albanesi
Ruga Due Pozzi
Rio di Ca' Dolce
Rio di Santa Sofia
C Zanardi
C dei Sartori
Fond dei Sartori
Rio dei Sartori
Campo S Antonio
C de Candele
Pal. Zen
Fond Zen
Campo dei Gesuiti
C Marco Foscarini
C delle Cadene
C dei Legnami
C Scuola dei Botteri
C dei Crociferi
Saliz dei Specchieri
Gesuiti
Convento
Rio dei Gesuiti
Pal. Donà
R Donà
Calle delle Croci
C Larga dei Botteri
C d Vida
C Ruzzini
Corte Tiziano
C della Pietà
C del Magazen
Saliz Seriman
C dei Volti
C Venier
C del Squero
C del Padiglion
Saliz Borgato
C del Remer
C del Tagiapiera
Rio Terà di Barba Frutariol
C dei Volto
Corte Contarini
C d Madonna
C d Cordoni
C d Fumo
C Propria
C della Stella
Rio della Panada
Corte Semenzi
Ramo C Larga
Corte Berlendis
C Larga Berlendis
C del Squero
C d Christo
Calle del Forno
C de l'Oca
C del Verde
C Bembo
C della Madonna
C de l'Oca
Calle Dragan
R Dragan
Saliz del Pistor
Rio Terà d Franceschi
C Larga dei Proverbi
C dei Preti
Rio Terà dei SS Apostoli
C Valmarana
C del Forno
C d Posta de Fiandra
C del Traghetto
Campiello Cason
Campo dei SS Apostoli
C Varisco
C Bondi
C Comello
Campo Stella
Campiello Widmann
Rio Terà dei Birri
Corte del Paludo
Corte Cortese
Corte Nuova
C Gabriella
Rio dei Mendicanti
Fond d Mendicanti
Fond Nuove
Rio dei Santi Apostoli
Campo San Cancian
S. Canciano
C Widmann
Campo Santa Maria Nova
Saliz San Cancian
C del Magazen
Rio Terà del Bagatin
C Larga Giacinto Gallina
C della Testa
Grand Canal
Rialto Mercato
Corte Remer
Rio di S. Giovanni Crisostomo
Pal. Bembo-Boldù
S. Maria dei Miracoli
Campo dei Miracoli
Pal. Van Axel
C d Squero Vecchio
Scuola S. Marco
S. S. Giovanni e Paolo
Zanipolo
Bartolomeo Colleoni
Campo S. S. Giovanni e Paolo
C Maggioni
C Modena
C de l'Aseo
S. Giovanni Crisòstomo
Teatro Malibran
C Castelli
F. Sanudo
C di Ponte delle Erbe
C delle Erbe
C Torelli
Ospedaletto
Campo San Giacomo di Rialto
RIALTO
Fondaco dei Tedeschi
Corte del Milion
Corte Morosina
Rio de San Lio
Corte Morosina
Saliz San Giovanni Grisostomo
Via Salizzada del Fondaco dei Tedeschi
C Scaletta
Campo Santa Marina
Rio di San Marina
C d Verrocchio
C Bressana
C d Madonna
C d Veniera
C delle Carozze
C dell' Ospedale
Barbaria delle Tole
起点
Ponte di Rialto
Saliz Pio X
Campo San Bartolomeo
终点
Rialto
Riva del Ferro
C Giazzo
C Carminati
C d Bissa
Campo San Lio
S. Lio
C Dose
C del Piombo
C Martinengo
Rio del Piombo
C Dose
Rio del Paradiso
C Coco d Renier
C Shiavoncina
C Trevisana
C del Console
C Pinelli
Rio di San Giovanni Laterano
C Muazzo
Rio della Tetta
Cllo Cappello
Pal. Capello
Salizzada S Lio
C d Zocco
C Galeazza
C dei Stagneri
C Larga Mazzini
Marzarieta due Aprile
Campo San Salvador
Merceria San Salvador
Rio di San Salvador
Rio della Fava
C d Vele
C d Nave
C d Volto
C d Fruttarol
C d Paradiso
S Venier
Pal. Ruzzini-Priuli
Fond dei Preti
Rio di S Maria Formosa
Campo Santa Maria Formosa
C P Borgoloco
Pal. Donà
C Lunga S Maria Formosa
Pal. Vitturi
C dei Orbi
Pal. Malipiero-Trevisan
C d Fava
C d Malvasia
C San Antonio
C del Mondo Nuovo
C Mussato o Tasca
C Casselleria
C d Bande
R Venier
S. Maria Formosa
Pal. Querini-Stampalia
Ruga Giuffa
C d Mezzo
Corte d Paradiso
Rio di San Severo
Fond San Severo
C larga San Lorenzo
Borgoloco San Lorenzo
Fond San Lorenzo
CASTELLO
C d Acque
C di Mezzo Merceria del Capitelo
C Cappello
0

起点：圣巴尔托洛梅奥广场

终点：圣巴尔托洛梅奥广场

游览须知：注意，这条游览线路上的许多教堂在周日早上都不向游人开放。

探险之门

在圣马可北部

探险正式开始于城堡区和卡纳雷吉欧区的边界上，它们是威尼斯六区（sestieri）中的其中两区。这不仅是七海游侠科多·马第斯（Corto Maltese）的冒险之旅，也是其创作者雨果·普拉特的冒险之旅。自孩提时代起，他就常站在圣乔瓦尼和保罗大教堂的后面，向往着遥远的天边。雕刻在教堂大门上的舰船载他驶向那些虚构的国家；坐落在广场附近的马匹雕像，很快将他引向那些即将填满他的集邮册的地方。他的父母住在几个街区之外，不久之后，这位漫画大师也将住在这附近，距离“思乡桥”只有几步之遥。再过几条运河，我们就能发现马里奥·福斯蒂内利（Mario Faustinelli，1924—2006 年）的故居。他是真正的连环画先驱，这位有着远见卓识的发行人在自己的杂志中给了普拉特第一个机会——连载漫画《黑桃 A》（*Asso di Picche*），就是在这里，普拉特开始了他从 1945 年到 1949 年的创作。

这一起源的见证人和其灵感的发生地，将成为这段旅程的阿里阿德涅之线。这是个巧合吗？最负盛名的威尼斯探险家马可·波罗的故居就在这附近的一条街上。历史事实、传奇、过去的英雄或虚构的人物……这一切都交织在一起。七海游侠科多·马第斯的影子笼罩在这些传奇的建筑和神秘的教堂之上。他最喜欢的宫殿，那是他思考的地方；他开启北京之旅的起点，是在威尼斯商人的街上……他的足迹遍布各地。现在，该由你们来把它们一一分辨出来了！

1. 圣巴尔托洛梅奥广场
2. 德意志货仓
3. 雷默尔胡同
4. 莫罗西尼宅院
5. 玛里布兰歌剧院
6. 范·埃克塞尔宫
7. 奇迹圣母教堂
8. 芝诺宫
9. 十字教会的老教堂
10. 多纳宫

10 提香故居

12 圣马可会堂

13 圣乔瓦尼和保罗大教堂

14 巴尔托洛梅奥·科莱奥尼

15 神秘的司昆塔胡同

16 奥斯佩达莱托教堂

17 福尔摩莎圣母教堂

18 奎里尼·斯坦帕利亚基金会

本书地图中街道、建筑名称以意大利语表示，过长地名会进行省略、缩写。因意大利语本身发展变化或同义词用法，本书地图中的名称与网络地图名称、实际路标存在部分细微不同之处，不影响实际使用。——编者注

1707年，卡洛·哥尔多尼出生于威尼斯。他放弃了律师的职业，转而投身于自己真正钟爱的事业——戏剧。他创作了无数的喜剧，如《女店主》（*La Locandiera*）、《度假三部曲》（*La villégiature*）和《乔嘉人的争吵》（*Les querelles de Chioggia*）。1793年，他在巴黎过世。

圣巴尔托洛梅奥广场

威尼斯著名剧作家卡洛·哥尔多尼（Carlo Goldoni）的雕塑俯视下的**圣巴尔托洛梅奥广场**（Campo San Bartolomeo）❶正是这次漫步之旅的起点。市中心是威尼斯人最喜欢的聚会场所之一。在这里举办鸡尾酒会的时候，他们时常因为鸡尾酒的种类太多而难以选择——在威尼斯，鸡尾酒可是随时都能喝到的。

老哥尔多尼是洞察人性微妙之处的精明行家，现在让我们来到他那慈父般目光的背后，走进**德意志货仓**（Fondaco dei Tedeschi）❷，这里是城市的中央邮局。

这幢雄伟庄严的建筑是建筑师斯帕文托（Spavento）的作品。1508年，它建立在3年前被一场大火烧毁的仓库的废墟上。13世纪，威尼斯共和国元老院划给了日耳曼社群一处带有客栈和仓库的住所，以供他们的进出口活动之用。这栋建筑通体覆盖着彩绘壁画——靠大运河的一侧，由乔尔乔内（Giorgione）绘制（我们仍能在黄金宫看到它残存的碎片）；靠小巷的一侧，则由提香（Titian）绘制——这一侧的壁画成为一件真正的文艺复兴时期的艺术珍品。让我们爬上楼梯，沿着拱廊去探索那些雕刻在石井栏上的一系列有关竞技运动的艺术作品。威尼斯共和国时期，这里的欢庆活动颇负盛名，其中就包括狂欢节开幕式前，持续三天三夜的威尼斯传统假面舞会。

过去，在马尔奇尼（Marchini）糕点屋附近，一位迷人的威尼斯女子曾经营着一家精致的书屋，雨果·普拉特、过路的艺术家和各路名流都喜欢在此欢聚。

庭院的魅力

过了桥后，让我们继续前行至菲切特里亚·托斯卡纳饭店（Fiaschetteria Toscana），然后左转，从门廊下走过，到达位于大运河河畔的**雷默尔胡同**（Corte Remer）❸。这是一个非常能引起人联想的建筑群落，它们在13世纪时的遗址的基础上构成，随着时间的流逝而渐趋完整，如今仍散发出拜占庭特色的魅力。现在，让我们返回菲切特里亚·托斯卡纳饭店，来到教堂的后面，踏上右边的第一条小巷——莫罗西尼窄巷（Calletta Morosina），直到右手边的第一个庭院（庭院的大门是关闭的，有时会对外开放）。这便到了**阿玛迪院落**（Corte Amadi），其中一面墙装饰着一个漂亮的拜占庭风格的奠酒器（圆形的建筑装饰）。

第二个院落——**莫罗西尼宅院**（Corte Morosina）❹的入口处，有一个阿拉伯－伦巴第风格（13和14世纪时的风格）的大理石桥拱。庭院的内部还保有中世纪的特色：焙烧黏土铺成的路面、一口井和两段外围楼梯。其中，城里最古老和最负盛名的莫罗西尼（Morosini）家族（四位总督、三位总督夫人和两位王后出自此家族）中的许多代人都生活在这一中世纪风格的地区。告别了莫罗西尼故居，现在右转来到门廊下，这条门廊通向**米隆胡同**（Corte del Milion）。在一家同名餐馆里，科多和他的同伴尽情地享用着小乌贼和饭团（鱼或肉类做成的米丸子）。过了第二座门廊，眼前的这个院子不禁使人想起了一位伟大的威尼斯旅行家——马可·波罗，他的家人就曾在此居住。

为纪念雨果·普拉特和科多·马第斯而限量发行的850里拉邮票

在圣米歇尔岛（S. Michele）上，从1450年到1459年，一队由弗拉·毛罗（Frà Mauro）带领的修道士完成了“弗拉·毛罗地图”的绘制，这件文物现存于马尔恰那图书馆。往返于世界各地的商人和旅行者所带回的描述和图画，经过分析和筛选后，便可用来补充这张有将近5000个注释的巨幅平面球形地图。

骑士和圣物

雕刻在拱形入口处的尖顶头盔和盾牌，让人们回想起了一位年轻骑士的故事。他从圣地带回了一件极其珍贵的圣物——圣基督十字架的碎片，据说他将这件圣物藏在了剑柄上。他肩负着将这件宝物交给科隆修道院院长的职责。在他漫长的航行期间，他遇到了一位贵族批发商——也许是一位莫罗西尼人——并与其结为好友。他们一起抵达威尼斯，商人在自己家里热情地款待了他，当时商人的房子就坐落在这条巷子内。商人向骑士介绍了自己的妹妹——一位绝世美人。这位只经历过圣战生活的单纯骑士，就这样陷入了疯狂的恋爱中，甚至已经忘记了自己的重要使命。不幸的是，这位年轻的姑娘和这位贵族商人根本不是什么兄妹，而是一对逃到威尼斯的狡诈情人，他们夺去了骑士的佩剑和那件珍贵的圣物。据说在晚上，这位不幸的骑士无休止地徘徊在巷道里，发出呻吟般的哀鸣。直到有一天，人们在这个院子里发现了一副盔甲和一顶空头盔……

从玛里布兰歌剧院到奇迹圣母教堂

让我们从拜占庭－威尼斯式的拱门（11—12世纪）下通过，来到**玛里布兰歌剧院**（Teatro Malibran）❺的门前。1677年，格里马尼（Grimani）家族主持建造了这幢建筑，最初名为金口圣若望剧院。

1834年，剧院新的所有者重新整修了剧院，并将其改名为“玛里布兰”，以纪念女高音名伶玛丽亚·玛里布兰（Maria Malibran）。这个剧院对于“科多－普拉特”的诞生起着重大作用，因为在此处上演的剧目比凤凰歌剧院的剧目更加无聊。现在重新穿过米隆胡同，一起踏上剧院桥（Ponte del Teatro），来到斯卡莱塔大街（Calle Scaletta）。

在街巷的深处，我们从圣玛利亚广场（Campo Santa Marina）圆柱门廊的另一边前往斜前方的克里斯托街（Calle del Cristo），这里有一座与之同名的桥，我们可以在此欣赏交错的运河和它们所环绕的那一座座富丽堂皇的宫殿。顺着一条平行于运河的街道朝前走，远远可望见一道正对着我们的大门，这门里面便是科多·马第斯偏爱的建筑之一：**范·埃克塞尔宫**（Palazzo Van Axel）❻。在马里的一个佛拉芒富商家族——就是在1665年成为威尼斯贵族的范·埃克塞尔家族买下这座宫殿前，这里名为索让佐宫（Palazzo Soranzo）。宫殿内有两座漂亮的哥特－威尼斯风格的庭院。

左手边，卡斯泰里街（Galle Castelli）将我们引向了城市中的一座建筑珍品：**奇迹圣母教堂**（Chiesa di Santa Maria dei Miracoli）❼。

马可·波罗（Macro Polo）

如果没有 1298 年 9 月 7 日威尼斯人和热那亚人在库佐拉（Curzola，亚得里亚海上的一座岛屿）海峡上的那场海战，马可·波罗可能永远不会写下他的《马可·波罗游记》（*Il Milione*）。他虽为热那亚人的囚犯，但却得到了与其声誉相当的待遇，他向自己同一间牢房的狱友——比萨的鲁斯蒂谦口述了自己的经历。我们理所当然地把这些经历看作是最美丽的冒险故事之一。

1254 年，尼科洛·波罗的儿子马可·波罗在威尼斯出生。小波罗的父亲和叔叔马提欧开始向东方进发——与其说这是出于冒险精神，倒不如说是出于对贸易的兴趣。波罗兄弟计划着去往超越欧洲认知的世界，直到抵达神秘的国度——中国。他们带着教皇的谕旨，领着当时只有 17 岁的小波罗一同踏上旅途。历时三年，穿越了安纳托利亚、伊朗、帕米尔高原、戈壁荒漠以及那数不胜数的中国省份，这段旅途引领他们到达了传说中的元大都，这正是元代帝王忽必烈辽阔帝国的都城。在帝王看来，这些威尼斯人代表着一种取之不尽的信息来源，这关乎一种遥远而与本国风俗截然不同的文明，波罗一族也因此不得不在朝廷中停留 17 年之久。直到 1292 年，皇帝才准许他们返回自己的祖国。就这样，在离开了祖国 24 年之后，波罗一家终于回到了他们的城市，在那里他们旧业重操，恢复了自己的经营活动。

编年史上记载道，当他们抵达威尼斯的时候，没有一个人能认出他们，甚至是他们的亲属也未能认出。在他们奇异服饰的内衬里，藏着他们多年来在异国他乡积攒的奇珍异宝。

吉安马特奥·本博（Gianmatteo Bembo，彼得罗·本博的侄子）在自家的墙上挂了一幅时间之神柯罗诺斯（Chronos）的画，旁边还注有拉丁铭文：“当这个罗盘（指太阳）转过来，扎拉、卡塔罗、波迪斯特里亚、维罗纳、西普、朱庇特诞生的克里特岛将是我的行为见证人。”最后给出了两位作家名字的开头字母，这是他作为上述城市的总管或市长时，言行举止方面的准则。在这个宫殿背后，隐藏着一个被栅栏围住的院子，里面有着一座圆角的塔楼。

这幢彩色的大理石小屋，就是彼得罗·隆巴尔多（Pietro Lombardo）及其工作室的作品。它于 1481 年开工，1489 年完成。让我们绕着这个文艺复兴时期的奇迹转一圈，然后在穿过圣玛丽亚·诺娃桥之后，踏上左边的第一条小巷，来看看矗立在广场中心的那座房子：在 6044 号，住着**马里奥·福斯蒂内利**。他既是《黑桃 A》的创作者和发行人，也是威尼斯漫画的创始人。

本博 – 布勒杜宫（Palazzo Bembo–Boldù）就在对面。在它的正面，一个 16 世纪的壁龛保护着这个也许是威尼斯最具吸引力的室外雕塑：一个全身长满毛，手举着太阳轮盘的野人——他大概是时间之神柯罗诺斯或农神。

离开了广场，向右前行，经过**圣坎西亚诺教堂**（Chiesa di San Canciano）附近，并登上与之同名的桥，继而右转，从一座名叫“卡森”（Cason）的广场的门廊下通过——这个名字本是“监狱”之意。

邮局街

让我们继续向左走，接着向右，经过瓦尔马拉纳小巷（Valmarana），再向右穿过一条盘结交错的小巷：菲昂德拉的邮局街（Calle della Posta de Fiandra）。它的名字常叫人想起曾经在此发生过的活动。外国邮递员也在此设立了办公点，例如佛罗伦萨邮政客栈，或是塔西斯家族的府邸和办公区，后者从 16 世纪起，就开始负责帝国的邮政服务。威尼斯邮递员则是在里亚托桥或在过去邮局饭店（Alle Poste Vece）的位置附近穿梭，后来去了位于巴罗兹胡同（Corte Barozzi）的圣梅瑟教堂（Chiesa di San Moisè）。到了 1500 年，威尼斯和君士坦丁堡共同组织起了一个每月邮政服务，它不仅涵盖威尼斯的邮政业务，也包括其他国家的邮政业务。

在菲昂德拉邮局街的尽头，我们会发现两扇已经被砌死了的漂亮大门。过去，它们通向一座朝向瓦尔马拉纳小广场（Campiello Valmarana）的宫殿。

左转是佛诺大街（Calle del Forno），通往巴尔巴福·瑞塔瑞尔河道街（Rio Terà di Barba Frutariol）。让我们向左前行，在经过水果摊和蔬菜摊之后，右转进入斯佩泽尔街（Calle del Spezier），到达萨托里桥（Ponte dei

Sartori）（向左前行，就在沿河街道 20 米处的一座房子的墙上，有着一块 1511 年的漂亮大理石浮雕，它属于萨托里医院）。

现在走过这座桥，并顺着它到达**耶稣会广场**（Campo dei Gesuiti）。

在耶稣会广场

左边矗立着**芝诺宫**（Palazzo Zeno）❽。这名字来源于 14 世纪一个知名的威尼斯航海家族。此外，芝诺宫表面通体覆盖着丁托列托（Tintoretto）和安德烈·斯基亚沃内（Andrea Schiavone）的壁画。

还是在左边，我们能发现一种**四角壁炉**（Quattro Camini），它是 13 世纪的老式医院和小礼拜堂所特有的；右手边是供奉着圣玛利亚的修道院和教堂——**持十字架者的礼拜堂**（Oratorio dei Crociferi）。多亏了教皇和众多信徒的援助，这个在当时拥有众多护理修士的修道院救济了许多朝圣者，并在全欧洲兴建了将近 200 所医院。

1729 年，耶稣会会士将**十字教会的老教堂**（Gesuiti）❾全部改建成了巴洛克风格。在教堂内，一系列大理石镶嵌的饰物具有一种帷幔的效果；在装饰着镀金灰泥的天花板下方，有一些帕尔马·乔瓦尼（Palma il Giovane）关于神职人员历史的绘画作品，还有杰出画家提香的一幅鲜为人知的油画作品：《圣洛伦佐的殉教》（*El martirio de San Lorenzo*）。

在变成妇女收容所（时至今日）的医院里，除了四角壁炉，还有小礼拜堂和它漂亮的画带，画带上是乔瓦尼基于修会历史所作的画作。

在广场深处，正进行着一场球赛。我们能瞧见潟湖北边的穆拉诺岛和圣米歇尔岛。现在从另一条路走向新运河大道（Fondamenta Nuove）。

新运河大道

1546 年，元老院决定修建新运河大道，该大道实际建于 1589 年左右，从圣吉斯蒂纳延伸至圣阿尔维斯，在米塞里科迪亚湾前戛然而止。但它的另一边，就是今天它们所终止的地方，曾经有一座桥（该桥毁于 1820 年）将它们和圣弗朗切斯科葡萄园教堂相连。如果没什么急事，我们可以沿着这条大道的左侧前行，一直走到尽头。对面矗立着**亡灵**

亡灵之家

这幢16世纪的建筑属于孔塔里尼家族，文人和艺术家常在此欢乐地集会，随后它被废弃不用。也许是因为潟湖的激浪回声点燃了人们的想象力，于是人们就赋予了它这样一个阴森可怖的名字。人们谈论着那些忙碌的骗子、荒唐颓靡的节日以及一个传说——相传有七位女巫在那里乘船前去亚历山大港（Alexandrie）。今天，这幢建筑依然被赋予这个令人不安的名字，不过，它已经成为一所供老年人居住的疗养院了。再也没有一处地方被抱怨说有幽灵的出现。在这样一个轻松愉快的氛围里，在闲谈和集体游戏中，人们泰然自若地等待着死神的到来。

持十字架者自诩能够将自己的出身提升到一等基督徒，然而却没有任何文献能证明此言论。在经历了各种各样的时代变迁、王朝衰微和道德败坏之后，教皇亚历山大七世废除了等级秩序和威尼斯共和国制度——它经历了坎迪亚战争和一段危机时期，城邦财产也被收缴。被驱逐出城的耶稣会会士在1607年重返此地，并花了50000圣马可共和国的杜卡托赎买了修道院和教堂。

之家（Casino degli Spiriti），我们在这里再次见到了“东方之门”。

从另一个方向重新走上新运河大道，就能到达多纳大桥（Ponte dei Donà）。在这个地方，人们可以进行各种类型的游戏：网球、皮球、滚球。这里曾经也有一家剧院。也许是将公共墓地建在圣米歇尔岛之后（1808—1826年），这里便有着一种更为浪漫和忧郁的氛围。

尼采来此定居，并写下了《朝霞：关于道德偏见的思考》（*Aurore. Réflexions sur les préjugés moraux*），这并不是一个巧合。在桥的另一边，我们看到，在我们右手边的是**多纳宫**（Palazzo Donà）⑩。它是一所富丽堂皇的贵族住宅（内部藏着数不胜数的艺术作品和丰富的家族档案）。两盏宫灯点缀着入口处，它们正是来自曾经参加过勒班陀（Lépante）战役的多纳战船。码头向圣米歇尔岛、穆拉诺岛（Murano）、玛左波岛（Mazzorbo）、布拉诺岛（Burano）、托切罗岛（Torcello）、维诺乐岛（Vignole）和圣埃拉斯莫岛（S. Erasmo）发送船只。如果您有一颗浪漫的灵魂，那么便可搭乘去往圣米歇尔岛的船只，去探访科尔沃男爵、迪亚吉列夫和斯特拉芬斯基的墓穴。在出发之前，您可以在阿尔吉巴吉咖啡馆（Algiubagio'）先歇歇脚。

在成为公墓之前，**圣米歇尔岛**曾是卡玛笃修道院的所在地，它是威尼斯共和国时期著名的学术中心。

名人故居

如果您不想去圣米歇尔岛探险，那么就请踏上过桥之后的第一条街：在这里，您会看到提香花园的墙壁。向右转，接着左转进入第一条大街——皮耶塔街（Calle della Pietà），再向左来到**提香故居**（Corte Tiziano）⑪。这里就是著名画家提香的住所，这幢房子还曾接待过君王、王子和艺术家

［在这些最为勤勉刻苦的人中间，还有雅各布·桑索维诺（Jacopo Sansovino）和住在里亚尔托岛上的阿雷蒂诺（Aretino）］。科多·马第斯也曾在此居住，不过官方指南里可没提到这一点。离开这个地方和这个安静的小广场后，我们继续往里走，向左来到弗诺大街（Calle del Fumo）。右边则是佩斯特林小广场（Campiello del Pestrin），在Cea餐馆（Trattoria Cea）的绿荫下，有全城最为精美的石井栏之一（建于18世纪）。

穿过广场并向左前方前行，便是斯特拉广场（Campo Stella）和维德曼小广场（Campiello Widmann）（以前被叫作“比里”，Biri），直走到运河边（向右望去就是“思乡桥”，也是普拉特为其取了这个名字）。左边有一个拱廊，过了拱廊之后，仍是在左边，我们向着另一座桥进发，桥下坐落着阿尔伯特餐馆（Da Alberto）。过了这座桥，我们来到吉亚琴托·嘉丽娜大街（Calle Larga Giacinto Gallina），在它与黛丝塔大街（Calle della Testa）

的交汇处，就曾住着普拉特一家［最忠实的粉丝和最好奇的游客请向右前行，然后左转来到福尔诺大街（Calle de Forno）：左边的第一扇门后就是普拉特的房间］。

圣乔瓦尼和保罗广场

让我们回到交叉路口，朝着卡瓦罗桥（Ponte Cavallo）行进，在那里有一家面积不大却热情好客的桥上餐厅（Al Ponte）。从桥的另一端前行，您即将来到城中最漂亮的广场之一：左手边是**圣马可会堂**（Scuola S. Marco）⑫，正对着您的是**圣乔瓦尼和保罗大教堂**（Basilica dei Santi

Giovanni e Paolo）⑬，广场中央则是世界上最为精美的骑士雕像——雇佣兵队长**巴尔托洛梅奥·科莱奥尼**（Bartolomeo Colleoni）⑭，它是韦罗基奥（Verrocchio）的作品。在如此美丽的环境中成长，无疑有助于这一伟大艺术家在艺术领域的发展。教堂后面的半圆形后殿下，有一座古老的墓穴，在这里诞生了人们对远方地平线和神奇且狂野的印第安人的第一缕幻想。在雕像后面，我们可以看到一口16世纪的漂亮水井，它过去曾归科尔内宫（Palazzo Corner）所有。这座宏伟壮观的广场和圣马可广场一道，都是威尼斯最具代表性的建筑。在此举行的诸多庆典中，还包括总督的悼词仪式。

巴尔托洛梅奥·科莱奥尼

圣马可会堂已经变成了一家医院，医院左侧那金碧辉煌的外观正是会堂的一部分。

这是彼得罗·隆巴尔多和他的儿子们——图里奥（Tullio）和安东尼奥（Antonio），与建筑师乔瓦尼·布奥拉（Giovanni Buora）合作完成的作品。后来，毛罗·科杜齐（Mauro Coducci）参与了上半部分的设计建造，而雅各布·桑索维诺则负责后来的扩建改造。在欣赏过多彩大理石的变幻和浅浮雕的视觉陷阱后，让我们走近入口的门框，仔细地观察一下上面雕刻着的帆船，它们的形成时间稍晚于1400年——同我们现在能够，或者更确切地说，曾经可以在圣马可会堂第二道大门的柱子上欣赏到的那些雕刻作品一样。科多·马第斯对此十分喜爱，他亦从未忘记提醒那些来访者去关注这些雕刻。附近那幢庄严的教堂属于多明我会，于1430年举行了祝圣仪式，但人们已经在此活动了近200年的时间。这座教堂的门廊建于15世纪初，风格介于哥特式和文艺复兴风格之间，支撑大门的圆柱都来自托切罗岛。此情此景不禁让我们想象出了一张尚未完成的舞台外观草图。圣马可会堂外，9世纪拜占庭－威尼斯风格的奠酒器和总督雅各布·提埃坡罗（Jacopo Tiepolo，1249年）及其儿子洛伦佐（Lorenzo）的骨灰瓮表明，我们进入了一个大型陵墓而非一个教堂。这件彼得罗·隆巴尔多的塑像代表作，大概是为纪念总督莫塞尼戈（Mocenigo，1476年）而雕

刻的；我们同样可以在此欣赏到纪念马克·安东尼奥·布拉加丁（Marc Antonio Bragadin）的雄伟雕像。

这两座献给总督尼科洛·马尔切洛（Nicolò Marcello）和安德烈亚·文德拉明（Andrea Vendramin）的雕像（雕刻于1493年），也是彼得罗·隆巴尔多工作室和其子图里奥的作品。献给圣文森特（Saint Vincent）的多折画屏先是归于维瓦利尼（Vivarini），继而又归贝利尼（Bellini）所有。隆巴尔多的墓碑雕刻作品列表很长，因为这正是在此长眠的威尼斯共和国历史的一部分。

不要忘记了圣女加大利纳（Catherine de Sienne）脚下那有点让人不安的壁画。除了神工意匠的建筑物和精妙绝伦的彩绘玻璃窗，我们也深深震撼于此处的骑士塑像群。这里的骑士雕塑的数量要远多于城市的其他地方，要有心理准备，这些雕像就像外面韦罗基奥的代表作——那尊献给巴尔托洛梅奥·科莱奥尼的雕像一样精美。赫尔曼·黑塞（Hermann Hesse）在自己的旅行日志中谈到一种高傲的美，并将其和威尼斯的那种轻柔而悦耳的美进行了对比。

在菜园圣母堂（Madonna dell'Orto）附近，有一个名为“骑士庭院”（Corte del Cavallo）的院子，亚历山德罗·莱奥帕尔迪（Alessandro Leopardi）奉命在此铸造这尊壮观的骑士雕像。雕像的原型是科莱奥尼，他曾是威尼斯共和国雇佣的贝加莫（Bergamo）地区的雇佣兵队长（他遗赠了10万杜卡托给威尼斯共和国）。这位雇佣兵队长在去世前留下遗言，要求人们在圣马可广场为自己建造一尊雕像，不过尤为幸运的是，塑像选址最终落在了这座广场上。

一排的咖啡馆都在邀请您进去小坐，来感受这个广场的独特魅力。

神秘的司昆塔胡同

就让我们暂且将教堂的侧门留在身后，先来到圣母胡同（Calle de la Madonna）。在胡同深处，左转进入费勒兹河畔（Fondamenta dei Felzi），一直前行至一座铁桥。我们不过这座桥，向左边走几步，便可发现**博泰拉院落**（Corte Botera）。在那里，我们必须要忘掉威尼斯的地名才能跟上雨果·普拉特的想象：我们仿佛置身于著名的“**神秘的司昆塔胡同**”（Corte Sconta detta Arcana）⑮，科多·马第斯在这里开启了在中国和西伯利亚的神奇冒险（《西伯利亚劫金记》）。科多被誉为“新马可·波罗”，他追寻着那传说中的沙皇宝藏的踪迹——战争中的蒙古革命者、美丽的公爵夫人和残暴的统治者也为此互相争夺。

从 12 世纪起，建筑就在此处层层罗列，并和谐地融为一体。科多只要抬起头来看看日晷，便可知晓时间。这片秘密的小绿洲让人为之沉醉，又让我们注意了多少被我们错过的美景。一些私人建筑占用了公共空间，这使雨果·普拉特出离愤怒。他带着我们去一个地点探索，却发现入口处禁止通行，这就阻止了任何能让我们回到重要记忆源头的可能。

从奥斯佩达莱托教堂到福尔摩莎圣母广场

告别这个神奇的地方，让我们重新回到河畔，在路口右转，经过维尼尔胡同（Corte Veniera），当我们再次看到广场后左转，即可到达圣乔瓦尼和保罗大教堂（威尼斯土语：Salizzada Zanipolo）。我们在左边又一次看到了之前已经谈论过的教堂半圆形后殿。儿时的普拉特就把这里当成了自己的活动基地，而在同一地点的几张旧地图也表明，此处存在着训练射箭和射弩的靶子。

右侧是法语书店，其中一间小小橱窗是普拉特作品专区。左侧是由巴尔达萨雷·隆盖纳（Baldassare Longhena）设计的**奥斯佩达莱托教堂**（Chiesa dell'Ospedaletto）⑯。教堂巴洛克风格的外观宏伟而奇特，它正居高临下地俯视着我们。

让我们沿着托莱的巴尔巴里亚街（Barbaria delle Tole）散步，它的名字让人联想到此处存在着的几间木仓库，“tole”正好指的是“木板”。而“Barbaria”也许意味着这些道路都是通往柏柏尔地区的。据一些文献记载，在公元 1000 年左右，希腊君主曾对威尼斯在撒拉逊地区进行的木材和铁器贸易感到不满。

如果您对假面具十分感兴趣的话，就请继续向左前方行进，您将会看到最古老、做工最为考究的假面作坊。在这个店铺的右侧，我们注意到一件古老的浅浮雕作品，描述的是丹尼尔在狮子林中的场景（5 世纪）。如果您对假面不感兴趣，那就请向右，一直走到这条小巷的狭窄处，就到了木拉佐街（Calle Muazzo），然后继续向前直到**木拉佐胡同**（Corte Muazzo）：几幢"摩天大楼"将在此静待您的光临，它们是 17 世纪时一个显赫家族的财产。它们和犹太人区的建筑一样，都是这座城市中最高的房屋。

一个 11 世纪时的拜占庭式漂亮柱头带我们重回过去。我们走过门廊，过了桥，沿着 16 世纪时卡佩洛（Cappello）家族的华丽宫殿漫步。今天，人们有时还会在这里举办音乐会。右转便是圣乔瓦尼·拉特朗大道（Fondamentina S. Giovanni Laterano）。我们沿着一条窄巷直走到另一条街，在这条街的尽头，我们向左转来到德塔街（Calle Tetta）。过了与之同名的桥之后，左边就是**瓦莱德斯宫**（Palazzo dei Valdesi）。

让我们向左转，顺着福尔摩莎圣母广场大道（Calle Lunga Santa Maria Formosa）前行，直到到达威尼斯最大的广场之一。

福尔摩莎圣母广场及其周边

广场中央坐落着**福尔摩莎圣母教堂**（Chiesa di Santa Maria Formosa）⑰，旁边配有一座宏伟壮丽的塔楼。广场上曾进行过斗牛比赛，这里的一切与圣保罗广场和圣斯特芬诺广场无异。

卡萨诺瓦（Casanova）最后一次旅居威尼斯之时，就和他的情人弗兰切斯卡·布斯基尼（Francesca Buschini）一起居住在 6673 号房子的 4 楼上。

周围矗立着富丽堂皇的宫殿，它们分别是：**普里乌利宫**（Palazzo Priuli）、**多纳宫**（Palazzo Donà）、**维托利宫**（Palazzo Vitturi）和**马利皮埃罗－戴维桑宫**[（Palazzo Malipiero–Trevisan），在世纪之交的时刻，它曾归哈慈费尔德（Hatzfeld）公主所有——她曾在此开设了一家文学沙龙]。

卢加·吉尔法桥（Ponte di Ruga Giuffa）正好在旁边，有些人说，它的名字大概是来自出现在此地的亚美尼亚商人，他们的祖籍都是朱利法。根据古代文献记载，"加吉尔法"（Gagiuffa）来自单词"gajufus"，也就是达尔马提亚语"gejupka"（波西米亚的）。

这座教堂始建于7世纪，并在毛罗·科杜齐的设计下重建（1492年），教堂内有炮兵学校小礼拜堂，也有老雅各布·帕尔马（Jacopo Palma）献给圣芭芭拉（S. Barbara）的多折画屏。

教堂后面是奎里尼小广场（Campiello della Querini）和**奎里尼·斯坦帕利亚基金会**（Fondazione Querini Stampalia）⑱。在与其同名的宫殿内，有一个藏书丰富的图书馆和一套有趣的艺术藏品。在这里的收藏品当中，就有69张加布里埃莱·贝拉（Gabriele Bella）的画作。这些画卷栩栩如生地描绘了18世纪中期的威尼斯生活场景。让我们回到福尔摩莎圣母广场，在这里您可以找一间咖啡馆小憩，请尽情徜徉在这样的氛围中。若不然，您可以到教堂对面的普雷蒂街（Fondamenta dei Preti），从第一座桥开始，欣赏它那恢宏的哥特式拱门，这座桥通向天堂街（Calle del Paradiso）——一条极具中世纪魅力的巷道，这条街就位于一座由外堡加固过的建筑两翼之间，并止于第二座哥特式拱门。

您将在这里发现**菲利皮出版社**（Libreria Filippi），出版社的发行人也叫"菲利皮"，他大概是最了解雨果·普拉特的人了。离开了这条独具魅力的小巷，让我们右转来到圣利欧

在福尔摩莎圣母广场大道上，曾经生活着一位叫露西娅（Lucia）的姑娘，她来自弗里乌尔（Frioul）。她被一位名为布拉内洛（Buranello）的鬼神附体后，拥有了治愈疾病和预知未来的能力。1582年，她被宗教裁判所告发，人们起诉她使用了"妖术和草药"。她的一位后人，也许成了占卜妇女和接生婆中的一员，这些人和普拉特的母亲一起用纸牌算命。

街（Salizzada San Lio），在这里可以看到两座13世纪的小宫殿。欧兰德斯·沃兰特简餐馆（Olandese Volante）就坐落在圣利欧广场（Campo San Lio）。让我们暂且把广场留在身后，继续我们的行程。一过了圣安东尼奥桥（Ponte Sant'Antonio），就是比萨街（Calle della Bissa）了，顺着它一直走，就能回到圣巴尔托洛梅奥广场。

吃东西和歇脚的时间到啦！选择多种多样，菜品勾人食欲。在哥尔多尼雕像后面向右转，这条街通往野人之家餐馆（Ai Rusteghi）。阿拉波特餐厅（Alla Botte）也是这些极具代表性的餐馆中的一家，年轻一代的威尼斯人喜欢晚上在这里碰面。

大师的趣闻

刚好在本巴瑟里窄巷（Calle dei Bombaseri）的角落，我们能发现城中最古老的餐馆之一——**格拉斯坡德优饭店**（Graspo de Ua），雨果·普拉特喜欢在这里和朋友会面。一位新兴行业巨头已经从威尼斯传奇的餐馆老板基诺·莫拉（Guido Mora）手中接管

了这间餐厅。在这重要的时刻，后者降下窗帘，和几个朋友一起开始了漫长的午餐，直到晚上7点才结束。所有精致的菜肴皆出自一位手艺精湛的厨师之手，愉快的气氛和优质的香槟酒让人沉醉其中，我们仿佛穿透了饭店的墙壁，来到了一片小巧、轻盈而祥和的云朵上。在这个时候，普拉特就是宴会的主角。

一位名叫帕维亚（Pavia）的人曾在那儿当应侍生。每次普拉特前来时，他都会递上纸笔，恳求普拉特为自己画一个科多·马第斯。毫无例外，普拉特每次都只给他画一个漂亮的女性臀部。事情就这样持续了好些年。面对帕维亚对自己的猛烈抨击（因为他始终没有得到科多画像），漫画大师回应称，也许这位先生不曾拥有自己偶像的画像，但他至少成为世界上最大的“普拉特臀部画像”收藏者，也许在未来某一天，这份独一无二的藏品将会保证他在我们的记忆中占有一席之地。

威尼斯菲利皮出版社

在威尼斯及其传统出版业中，菲利皮出版社是十分特别的存在。

地名词汇：

这里有一些有用的术语，通常专用于威尼斯地区，能帮助您在城中辨别出所处位置。

CALLE: 有着民居的街道。

COLLETTA: 狭窄的街道。

CAMPIELLO: 小广场。

CAMPO: 可用于威尼斯所有的广场，而圣马可广场被称为“Piazza”。

CORTE: 死胡同，或指好几所房子的公共庭院。

FONDAMENTA: 沿着运河的石头堤岸和步行通道，也用来指代支撑建筑的基石，有时也被称作“Riva”（意：河岸）。

MERCERIE: 两侧有商铺的小巷。

PISCINA: 一种用来练习游泳的水池，后来被填上。

PORTICO: 拱廊，长廊。

RAMO: 从一条街分出的一条短岔路，通常终止于一条死胡同。

RIDOTTO: 一个人们在此隐居或举办舞会和庆祝节日的场所。

RIO: 小运河。一些小运河仍具有闭航系统的痕迹，即禁止夜间通航。

RIO TERA': 指人们已经排干了水并将河道填平当作街道的运河。

RUGA: 两边都是商店的街道。

SALIZZADA: 这种类型的街道比“Calle”这种街道要更为宽阔，是第一种铺满石头的街道。

SESTIERE: 这一词语指的是 12 世纪时在威尼斯所创建的六个街区。

SCUOLA: 宗教团体。

SOTTOPORTEGO: 带顶棚的通道。

TRAGHETTO: 用以横渡大运河的公用贡多拉（威尼斯特有的划桨轻舟）。

CAMPIELLO
WIDMANN
GIA' BIRI

Biri – 在它被命名为韦德曼（Widmann）以前，这个小广场曾经以流过它的运河命名。

LISTA VECHIA
DEI BARI

Bari – 来自“baro”（意：小岛）或指这里躲藏着“bari”（意：指骗子）。

CAMPO
BANDIERA E MORO
O DE LA BRAGORA

Bragora – 这个广场借用了一座小岛的名字，人们正是在那里发现了施洗者圣约翰的遗骸。这个名字也是由“brago”（意：淤泥）和“gora”（意：积水）两个词缩合而来的。

海之门

城堡区，兵工厂

终点
起点
Celestia
Bacini di Carenaggio
Canale di Porta Nuova
Canale delle Galeazze
Darsena Grande
Arsenale Nuovo
Darsena Arsenale Vecchio
Barbaria delle Tole
Ospedaletto
C di Mezzo
C d Forno
C d Caffettièr
C Cavalli
Rio di Santa Giustina
C S Francesco
C Zen
C del Te Deum
Campo S. Francesco della Vigna
San Francesco della Vigna
Pal. Gritti o d. Nunziatura
Campo della Confraternita
C d Cimitero
C dell' Oratorio
Campo della Celestia
C degli Orti
C Sagredo
Fond Case Nuove
Rio di San Giovanni Laterano
Rio della Tetta
C Pinelli
C Lunga S Maria Formosa
C llo Cappello
Campo S. Giustina
Rio di San Francesco
Pal. Contarini
Sal Santa Giustina
Sal di S. Francesco
C d Morion
Campo S. Ternita
Rio della Celestia
C larga San Lorenzo
Borgoloco San Lorenzo
Campo di San Lorenzo
C San Lorenzo
Fond San Lorenzo
Rio di San Lorenzo
CASTELLO
Ruga Giuffa
C d Mezzo
Fond San Severo
Rio di San Severo
C d Arco
C Mercanti
C dei Preti
Cor Nuova
Convento
S. Giovanni dei Furlani
Fond S G dei Schiavoni
Rio di S Agostino
Saliz d Gatte
C dell'Olio
C Dona
C Celsi
Rio di S. Ternità
Rio delle Gorne
C del Lion
C Maruzzi
C d Furlani
F d Furlani
Campo delle Gatte
Scuola di S. Giorgio d. Schiavoni
Campo Do Pozzi
C Magno
C dell' Angelo
C d Scudi
C d Madonna
C d Magazen
Saliz dei Greci
Fond dell' Osmarin
Museo d. dipinti sacri d. Istituto Ellenico
San Giorgio dei Greci
Corte Bosello
Ponte S Antonio
C dell'Arco
Corte Rotta
Campo d Gorne
F d Penini
Arsenale Vecchio
Rio del Vin
Corte Rotta
C d Chiesa
Saliz San Provolo
Campo S. Provolo
Fond del Vin
Corte Nuova
C del Vin
Campo San Zaccaria
San Zaccaria
C delle Rasse
Rio dei Greci
C dietro la Pietà
C della Pietà
Rio della Pietà
Saliz del Pignater
Rio di S. Marino
Campo Bandiera e Moro
C Crosera
C del Pestrin
San Giovanni in Bragora
C Malvasia
C llo del Piovan
C d Forno
Arsenale
Fond di Fronte
Campo S. Martino
S. Martino
Campo Arsenale
Fond della Madonna
Arsenale Vecchio
C d Pegola
Riva degli Schiavoni
San Zaccaria
Pietà
Mon Vittorio Emanuele
Gondole (Paglia)
Rio Ca' di Dio
C dei Forni
C d Vida
Tana
Rio dell'Arsenale
Fond dell' Arsenale
Museo Storico Navale
Campo della Tana
Campo S Biagio
C Fianco la Chiesa d S Biagio
Riva Ca' di Dio
Arsenale
Riva S Biagio
Bacino di San Marco
Canale di San Marco
Rio della Tana
Fond della Tana
C Grimana
C d Forno
Corte Nuova
C d Preti
C d Coltrera
C d S Francesco di Paola
Via G Garibaldi
C Piscina o Pedrocchi
C Coppo
C del Pistor
C Caboto
C Colonne
Corte Colonne
R Corte Schiavona
Riva dei Sette Martiri
C San Domenico
Viale Garibaldi
C Stretta Saresin
Corte Saresin
C Loredana
C Frisiera
Rio Terrà d Forner
Cor Pietro d Lesina
Calle delle Furlane
Cam Nicoli
C Correra
C G. B. Tiepolo
C Cattapan
Fond S Gioacchino
Fond Sant'Anna
C S Gioacchino
Rio di San Daniele
F Riello
C Riello
Campo Ruga
Marafoni
C d Olle
Cor d Bianco
C Maraffoni
Saliz Stretta
C d Terco
Campo San Daniele
Rio delle Vergini
C Larga San Pietro
Canale di San Pietro
Campo San Pietro
San Pietro di Castello
Isola de San Pietro
Fond Quintavalle
Ponte Quintavalle
C d Fari
C llo d Pomeri
C Lunga Quintavalle
C d Mezzo
Fond Castel Olivolo
San Pietro
Rio di Quintavalle
Secco Marina
Cor Martin Novello
Cor d Cristo
Cor d Prete
Cor d Soldà
Fond S Giuseppe
Rio di San Giuseppe
Campo S Giuseppe
San Giuseppe di Castello
SANT'ELENA
Viale Trento
Giardini Pubblici
Giardini
Riva del Pa
Rio Terà Isepo
Paludo di S Antonio
C Drio el Paludo
Trieste
Viale 24 Maggio
Rio dei Giardini
San Giorgio
Campo San Giorgio
San Giorgio Maggiore
Isola di

起点： 水上巴士（vaporetto）—站点：花园站（Giardini）

终点： 水上巴士—站点：天堂街（Celestia）

游览须知： 这次旅途会经过相邻的圣马可区。这一地区清幽的环境保证了我们在游览大教堂之后，能得到良好的休息。我们需要避开星期天，威尼斯海洋历史博物馆会在那天闭馆。

海之门

城堡区，兵工厂

在威尼斯，海水无处不在。城市几乎被水淹没，好像蜷缩成了一团。地平线从不能在海上舒展开来，岛屿四散而开，好像在保护着城市不被海水淹没。为了了解威尼斯共和国与海洋之间最初的关系，我们首先需要来到威尼斯兵工厂（Arsenal）。这家造船厂是一座名副其实的堡垒，从12世纪起它就是威尼斯海洋权利的象征。人们在此制造船只，以随时准备征服世界并夺取世界各地的财富。每年，在耶稣升天节这天，总督都会面对着丽都岛（Lido），在一艘金碧辉煌的军舰上，象征性地和亚得里亚海结为夫妻，还会有一些小船守护在侧。威尼斯海洋历史博物馆让人回忆起这段黄金岁月，这也是那些和科多一样的冒险家梦想与灵感不竭的源头。

在兵工厂院墙的周围，另一个威尼斯的街巷在飒飒作响，它们和旅游线路相距甚远。城堡区相继居住着工厂的工人、渔民，还有走私犯，几个世纪来，它一直是底层百姓的聚居区。圣乔治会堂和希腊圣乔治教堂证明了这一区域的国际性，亚美尼亚人、达尔马提亚人、土耳其人和希腊人共同居住在此。今天，这个鱼龙混杂的地方已经被一个更加祥和的环境所取代，这是一个真实的村庄，海面微风拂过，彩色房子间晾挂的衣物随风轻轻摆动。圣彼得岛（Isola di San Pietro）的周围几近荒芜，岛上突然出现的一座古老的威尼斯教堂，使游客们迷失在另一个世界中。在那里，威尼斯那独一无二的梦变成了现实。

1. 威尼斯双年展
2. 城堡区的圣朱塞佩教堂
3. 城堡区的圣彼得教堂
4. 威尼斯海洋历史博物馆
5. 兵工厂的老厂房
6. 兵工厂
7. 百旺小广场
8. 莫罗的班迪耶拉广场
9. 马耳他骑士团教堂
10. 圣乔治会堂
11. 圣像博物馆
12. 希腊圣乔治教堂
13. 圣弗朗切斯科葡萄园教堂

圣朱塞佩运河（Rio di San Giuseppe）

这条线路始于**公共花园**（Giardini Pubblici），它因**威尼斯双年展**❶而更为出名。这个著名的现代艺术展会每两年在此举办一次。这个国际展会可以追溯到1895年，最初由诗人里卡尔多·塞尔瓦蒂科（Riccardo Selvatico）和评论家安东尼奥·弗拉德莱托（Antonio Fradeletto）提出并举行。最初，作为学术性很强的一个活动，双年展并不允许先锋派艺术家参加；直到1924年，展会才接纳了第一批印象派画家；而到了1948年，毕加索（Picasso）的名字才出现在双年展上。

威尼斯双年展的印章

每个国家都拥有一个展厅，尽管空间不大，却表明威尼斯接纳了最多样化的现代建筑。这些重要而极具象征性的成果，有卡洛·斯卡尔帕（Carlo Scarpa）设计的委内瑞拉馆，约瑟夫·霍夫曼（Josef Hoffmann）设计的奥地利馆，布鲁诺·贾科梅蒂（Bruno Giacometti）设计的瑞士馆，吉阪隆正（Takamasa Yoshizaka）设计的日本馆，里希特（Richter）设计的以色列馆，贝尔焦约索（Belgioioso）、派瑞苏蒂（Peressuti）和罗杰斯（Rogers）设计的加拿大馆，还有阿尔瓦·阿尔托（Alvar Aalto）设计的芬兰馆。

沿着河堤惬意地漫步，穿过香气弥漫的花园之后，我们到了位于圣朱塞佩广场（Campo San Giuseppe）的**城堡区的圣朱塞佩教堂**（Chiesa di San Giuseppe di Castello）❷。教堂附近有一座雄伟的拱门（16世纪时由桑米凯利设计）。这座教堂是城堡区的圣安东尼·阿巴特和圣朱塞佩教堂的最后遗迹，16世纪时重建。在隶属于奥古斯丁教派修女之后，该教堂的所有权又归于撒勒爵会的修女。乔瓦尼·安东尼奥·托里利亚（Giovanni Antonio Torriglia，17世纪）的壁画覆盖了整个穹顶，但并不引人注目。倒是柱廊和错视画的配景给人一种眼花缭乱之感，成功地使我们迷失了方向。丁托列托工作室的画作、韦罗内塞（Veronese）的《牧羊人的崇拜》（*Adorazione dei Pastori*）都陈列在本教堂神父的住宅内；院内还有一座献给总督马里诺·格里马尼（Marino Grimani）及其夫人莫罗西娜·莫罗西尼（Morosina Morosini）的宏伟纪念碑，这些都十分引人注目。但我们却需要在左边的祭坛旁驻足，这是我们此次游览的主要目标。

它由海军上将乔瓦尼·布拉纳（Giovanni Brana）指导完成，而这位上将也埋葬于祭坛脚下。祭坛的基座风格华丽，显然是受到了伊斯兰审美的影响，基座上的浮雕描绘了具有历史意义的勒班陀海战（1571 年）。在出口处，让我们一起过桥。

工匠街区

在到达街巷尽头之前，我们会在赛科海滨（Secco Marina）的右边看到一座带有小祭坛的古老庭院。在气候宜人的季节里，我们仍能在此看到许多穿珠女工借助由细针制成的工具，将极小的玻璃珠穿起来做成项链。转过身，我们来到右边的费留利街（Calle delle Furlane）。街上那些建于 17 世纪的简朴房屋颇具特色，像极了费留利的建筑。这里的居民大批涌向

在城堡区的圣朱塞佩教堂内，祭坛上的浮雕展现了勒班陀战役。

威尼斯寻找工作，而他们的妻子，这些成了厨娘、洗衣妇、乳母、女佣的女性，则被“费留利舞”（furlana）所吸引——这是城堡区十分流行的一种舞蹈。

我们再次向右转，前往圣安娜河畔（Fondamenta Sant'Anna），在昆塔瓦莱桥（Ponte di Quintavalle）前驻足，这座桥通向城堡区的圣彼得岛。

圣约翰和圣保罗医院过去的徽章

城堡区的圣彼得教堂

从这座长长的木桥开始，景色变得十分迷人。我们能在这里看到老旧的工地、无数条拴在河岸的小船、圣彼得大教堂倾斜的钟楼（毛罗·科杜齐设计，1482—1488年）和威尼斯的老天主教堂；从左边向远处看去，则是城墙和兵工厂的一座塔楼。

直到1807年，主教府的所在地都位于这座天主教堂旁，而现在，这里只有一座被废弃的隐修院。向左走，我们很快来到这座17世纪的**教堂** ❸，最初它是一座帕拉弟奥（Palladio）风格的建筑，后来经历了多次重建。从7世纪起，它就存在于这一地区，这是一座献给圣塞尔久（St. Sergius）和圣伯古斯（St. Bacchus）的教堂。在第一次世界大战期间，两枚炸弹落在教堂的大圆顶上，损坏了顶塔。请您注意，它的穹顶高达54米，只比它那极负盛名的姊妹教堂矮了4米——后者正是米开朗基罗的作品，位于罗马的圣彼得大教堂。在这座教堂内，我们在右边发现了教皇的教座，名为圣彼得教座，它也曾在安条克城（Antioche）使用过。这一阿拉伯–穆斯林风格的纪念石碑形的椅背也许是在13世纪时被改造为座椅的。

嗅得到大麻和盐味的地区

让我们穿过铁桥和圣彼得大街（Calle Larga San Pietro），然后向左来到卢加广场（Campo Ruga）。这里闻得到刚洗过的衣物的清香，时间在此处静止了。我们看到窗前晾晒的衣物轻快地随风摆动；女人们正从一个院子到另一个院子，从一扇窗到另一扇窗前互相招呼、闲聊；孩子们游戏的声音在此回响；而老人们则正围坐在小桌旁玩纸牌呢！

请您沿着利亚落河畔（Fondamenta Riello）和同名大街走，并穿过圣焦阿基诺大街（Calle S. Gioacchino），您将会到达一条与之同名的河堤，然后是充满活力的加里波第路（Via Garibaldi）。在踏上这条宽阔的街道之前，我有一条建议：右转到罗达纳街（Calle Loredana）。从一个狭窄而低矮的门廊下穿过，到达塔纳街（Fondamenta della Tana），对面是制绳厂的老围墙，我们经常能在这里看到一些正在晾晒的网绳，大麻和盐所特有的气味在整条街道弥漫。

左侧有一块贴在墙上的石碑（我们可以在里亚托岛的鱼肉市场或圣玛格丽塔大街看到相同的石碑），上面刻着允许出售的货物最小尺寸。

这里的一切都和赛科海滨一样，沿着那些连接了塔纳街和加里波第路的巷子，我们可以发现最后的穿小玻璃珠的女工。

顺着其中一条小巷返回加里波第路，请尽情感受这条街的风情，街道两侧，酒吧、小咖啡馆和小酒馆鳞次栉比。在科多·马第斯的时代，加里波第雕像的对面有一块地方（现在是一家超市的仓库），曾经是雨果·普拉特和他的朋友们最喜欢的聚会场所萨瓦莱里扎（Cavallerizza）。这是一家舞厅，这里的现场音乐吸引着过路的姑娘、水手和军人们。总之，这是个人人都爱的地方。

亚得里亚海的海盗

在这里，请允许我先讲一些题外话，这能帮助我们更好地了解这一地区和当地居民，尤其是当地的主流氛围。

战争结束后，同盟国军队的占领使这里成为城中最热闹的地方之一。蜿蜒的巷道内，各类商贩和多样的买卖活动（也不总是合法的）都隐藏其中。与此同时，第一批投币式点唱机，特别是那些或多或少带有即兴表演性质，而且曲风怪诞的乐队，正在上气不接下气地表演着从美国直接传到我们这里的新音乐。

那些年，一样奇特的走私品在坊间盛行，这是一种新奇的万灵药：青

霉素。这类不正当交易通常发生在军队的医疗船上，一旦货物到手，在付款的时刻，威尼斯的骗子就会从高高的舷墙上跳入潟湖，而在水中，他的同伙们会迅速把他拉回那出了名的大功率快艇上，快艇的颜色是比夜晚更深的蓝色，这使得他们几乎无法被发觉。受到了欺诈的水手们愤怒不已，他们试图站在舰船的高处，用喷水嘴喷射出的水来攻击他们，但大多时候都是白费功夫。

塞巴斯蒂亚诺·卡博托（1476—1557 年）

到了 20 世纪五六十年代，走私物品从青霉素变成了香烟。深海快艇随时都能在大海和潟湖之间疾速前进，并能潜入运河不太深的地方。对于那些在大型巡船上的警察来说，在这些地方是难以对其进行追踪的。

冒险家们通常都生长于此，数量也曾一度攀升。他们的活动总是具有很高的组织性，却毫无顾忌之心，如此一来就会挑起许多流血事件，我们便将他们都看作真正的亚得里亚海海盗。

远洋航海家

在街的尽头，您可以看到对面有一栋翻新过的建筑。它始建于 5 世纪，看起来像一艘准备出航的船，只是谁也不知道它要去往哪里。这并非巧合，这是一座名人故居，航海家乔瓦尼·卡博托（Giovanni Caboto）和塞巴斯蒂亚诺·卡博托（Sebastiano Caboto）都曾在此居住。父亲乔瓦尼受雇于英国国王，奉命去考察比哥伦布所发现的新大陆更北的地方。他发现了加拿大，他不仅在那里插上了英国的国旗，还插上了圣马可教会的会旗。他在这次航行的返航途中过世。他的儿子塞巴斯蒂亚诺沿着他环游世界的航线，随后开发了去往南美洲的航线，并为后来开发前往东北部地区的航线奠定了基础。

前往海洋历史博物馆

朝右过了桥和圣比亚吉奥码头（San

拿破仑的佩剑

拿破仑将自己的佩剑赠送给热那亚的私掠船船长——朱塞佩·巴瓦斯特罗（Giuseppe Bavastro）。这位出生于1773年的传奇海洋冒险家，从他效力于皇帝起，多年来一直打击着撒拉逊的海盗。他出色的战绩激怒了许多英国人，以至于他们对他进行了审判，并根据他的肖像制成了一个木偶。巴瓦斯特罗是为数不多的得到最高级勋章——帝国荣誉勋章的一位将领。他在阿尔及利亚去世，对于这位出色船长来说，他的死亡方式或许不是那么传奇：坠马身亡。

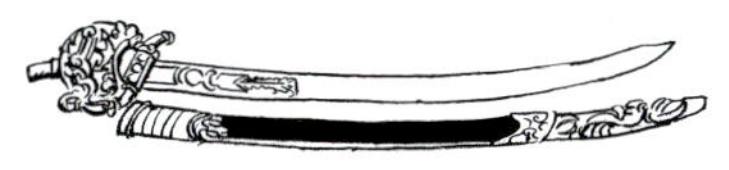

Biagio），我们就到了斯拉夫人河岸大道（Riva degli Schiavoni）——它的名字来自斯洛文尼亚人，或更确切地说是停靠在那儿售卖风干的阉割公羊肉（传统上，在安康圣母节这天，与卷心菜一起食用）和阿尔巴尼亚进口干鱼的达尔马提亚人。斯拉夫人河岸大道修建于1780年，起自麦秆桥（Paglia），终到上帝之家桥（Ponte della Cà di Dio）。到公共花园为止，一路上随处可见造船厂和傍潟湖而建的破房子。1935年，连通上帝之家桥和公共花园的工程开工；1937年3月23日，一个新码头在此落成，它延长了城市中最美丽的一条步行道。

威尼斯海洋历史博物馆（Museo Storico Navale）❹：两个沉重的锚在这些了不起的海军文物前扮演着哨兵的角色。多亏兰尼·莫塞尼戈（Nani Mocenigo）舰长的捐赠，博物馆才能在一战结束后立刻就收集到这些珍品。这之后，从威尼斯共和国至今的各类藏品都丰富了馆藏内容。

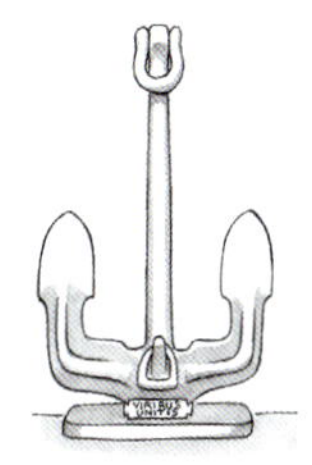

海洋博物馆入口处的联合力量之锚（Viribus Unitis）

这里的藏品十分丰富：我们能在这里看到武器、缩比模型、海军制服、军旗、真正的舰船、各种漂亮的插图

和油画。它们仿佛把我们送回到几个世纪前，让我们亲自感知地球上的海洋文化。

这里还有一架漂亮的中国式小机关炮，与义和团运动（1900 年）同属一个时代。它使我们想起了科多·马第斯在中国的历险记——他搭上了一趟在上海、中国东北和西伯利亚之间运输金子的火车，这个故事出自《西伯利亚劫金记》。我们可以在 2 楼欣赏到丁托列托画派笔下精美的海军船长肖像画。

19 世纪时贡多拉船夫的帽子

在 3 楼左侧的第二个展厅，有一块马菲奥莱蒂（Maffioletti）神甫所变卖的精致三色版。1797 年（被法国占领之前），这块平面作品被竖立在此，它非常详细地标明了兵工厂不同部门的生产周期。

博物馆的一件珍品是龙形黄金船（Bucintoro）的复制品，这是一艘金碧辉煌的总督祈福船。

我们能在博物馆里欣赏到的这件藏品是 1837 年在兵工厂重建的。因为它落成的当日，法国军队占领了威尼斯，拿破仑决定用一种过激的方式来折辱这座城市：他下令烧毁了城中最具代表性的象征——龙形黄金船。

4 楼有一些有趣的藏品，是那些在海难和暴风雨中幸存下来的水手所敬献的还愿牌。有些展厅专门陈列具有代表性的潟湖小船，或者是上面的零件。我们也能在这里找到由知名艺术收藏家佩吉·古根海姆（Peggy Guggenheim）赠送的贡多拉，这位女士也曾在威尼斯长期居住。

兵工厂

离开海洋博物馆，让我们经过兵工厂大街（Fond dell'Arsenale）来到天堂桥，但在过桥之前，凭借博物馆的门票，我们可以推开一扇被两个锚顶住的门，进入**兵工厂的老厂房** ❺。

厂房内，船坞里保存完好的几艘小船映入我们的眼帘：一艘 20 世纪

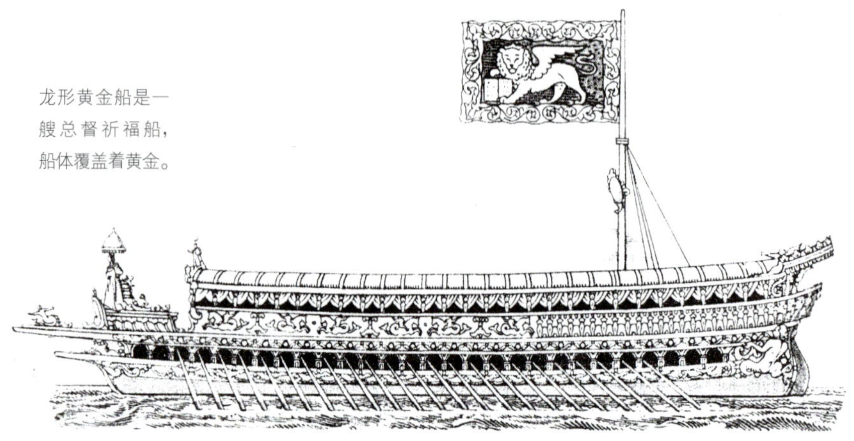

龙形黄金船是一艘总督祈福船，船体覆盖着黄金。

30年代的精美汽艇；一艘打着补丁的小帆船，它的主人亚历克斯·卡罗佐（Alex Carozzo）曾独自横渡大西洋；一艘宽敞的平底驳船，它沿着波河运输货物；其他几艘小船则是令世人称奇的“艾列特拉”（Elettra）号，它是古列尔莫·马可尼（Guglielmo Marconi）的快艇，这营造了一丝未来主义电影的氛围，比如弗里茨·朗的影片《大都会》；最后是一艘用来给潜水员运送氧气的小船，显然，这让我们想到了科多在穆大陆（Mû）的冒险。

兵工厂（Arsenale）❻（1460年）坐落在一座与之同名的广场上，入口庄严雄伟，是一道凯旋门，一只飞狮盘踞其上；一面用栅栏加高过的矮墙环绕在入口周围，栅栏间隔处矗立着异教神的雕像。

四只雄狮在围墙的外部排成一列。左边面对出口的位置，最大的那只狮子仍存有古代北欧文字铭文的痕迹，这是为了纪念1040年时斯堪的纳维亚雇佣军帮助拜占庭皇帝镇压了希腊人的叛乱。这只狮子作为1692年战争的战利品，由弗朗切斯科·莫罗西尼（Francesco Morosini）带回威尼斯。它来自比雷埃夫斯，在那儿守护着雅典港的入口。

在过去的几个世纪里，兵工厂遭遇多次火灾，最严重的一次是在康布雷战争期间，另一次是在1569年，整个兵工厂几乎被毁于一旦。但这并未阻挡在接下来的一年里，人们去建设一支强大的舰队。这支舰队在勒班陀战役中击溃了土耳其人，这是威尼斯财富的一次辉煌印证，也是当地工匠顽强个性和才能的有力证明。

“Arsenalotti”，即这个自治城市的所有劳动者，都是威尼斯实力的真正支柱。在威尼斯共和国时代，他们都享有特权，并形成一种工人贵族。他们被赋予了重要和特定的任务，如在大议会期间看守总督宫殿、看守铸币厂（Zecca）、负责灭火等。

木匠师傅、铸工、铁匠、制作各种类型武器的大师……三十多种不同的职业集合在此。帆船的养护则是属于女人们的职责，这个群体中还有许多十岁或更大些的孩子们，他们都是制绳厂的学徒工或雇员，一同挤在这个巨大造船厂里。

在兵工厂周围，那些建于12世纪的房屋是授予海军士兵的，他们为共和国效力，并因特殊战功而名声赫赫，这片区域也因此得名“海军区”（Marinarezza）。城中这块地方颇受欢迎，一直都是各个民族特别喜爱的居住地和经常光顾的场所。除了威尼斯人，我们还能在这里看到斯拉夫桨手，希腊、土耳其、亚美尼亚、阿拉伯、叙利亚的商人，拜占庭贵族，被释放的奴隶，士兵或冒险家。

在热闹中歇息或在孤独中冥想

如果您现在想找一个角落坐下来，那么就去位于佩斯卡里亚小广场（Campiello della Pescaria）的海湾餐厅（Al Covo）吧（看到狮子后，向左走；在河堤的尽头穿过小铁桥，然后沿小巷直走，到了十字路口左转；再往前一点，您就会在右侧看到它），这是所有途经此地的美食家都知道的一家餐馆。当然，这个地方不是我们的必经之地，但如果您有体验一下的意愿，这确实值得一试。

反之，如果您不是非要坐在那里吃东西，那么在威尼斯还有各种各样的特色酒馆，在这里有种类丰富的精致小食，我们可以各尝一点儿，还可以站在酒吧里，和威尼斯人喝上一杯醇美的葡萄酒。

在将要告别这里的时候，请您在**百旺小广场**（Campiello del Piovan）❼前驻足。您将会在此看到三座石井栏，这在威尼斯十分少见，不过，它的四周并没有什么起眼的商店、酒吧或作

坊，它的周围什么都没有。这里只有一片寂静，只有属于这座城市的那迷人而神秘的寂静。我们可以在安静地环顾四周时感受这种宁静，可以在观赏那些细微的景致、石头的颜色、瓦片和百叶窗时体会这份宁静，也可以在聆听远处的喧嚣、挂钟当当的声响、行人轻快的口哨声或只是一片静默时品尝这份宁静。

布拉果拉的圣乔瓦尼教堂

请您来到对面的老玛尔维萨街（Calle della Malvasia Vecchia）。在右侧，您将会看到**莫罗的班迪耶拉广场**（Campo Bandiera e Moro）❽，又称布拉果拉（Bragora）广场——这是由“brago”（淤泥）和“gora”（积水）两个词缩合而来的。人们从一个与“布拉果拉”同名的东方教区带回了施洗者圣约翰的遗骸，并将它献给了**布拉果拉的圣乔瓦尼教堂**（Chiesa di San Giovanni in Bragora）。教堂内收藏着一块漂亮的祭坛屏风，由奇马·达·科内利亚诺（Cima da Conegliano）所

百旺小广场

作，描绘了基督耶稣洗礼的场景。作曲家维瓦尔第（Vivaldi）也是在这间教堂受洗的。这里还保存了圣乔瓦尼·埃勒莫西涅（San Giovanni Elemosinario）的遗骸——它是在1247年被人从亚历山大港带回来的。

让我们沿着教堂左侧，来到克罗塞拉大街（Calle Crosera），并再次踏上普里茨连大道（Calle del Pestrin），一直走到圣马蒂诺广场（Campo San Martino），过了佩尼尼桥（Ponte dei Penini），沿着运河边的格尼堤岸（Gorne）向前走。右手边是兵工厂的院墙；在左边的尽头处，让我们从“恶意”大道（Sottoportego dei Cattivi Pensieri）下面穿过——这是普拉特想象中的步行道，我们可以从此处直接离开。

请您向左转，在穿过杜珀兹广场（Campo Do Pozzi）后，在普拉特的漫画世界中，罗塔胡同（Corte Rotta）变成了金色的阿拉伯小广场。回到大街上，左转继而向右来到斯库蒂街（Calle dei Scudi），过桥后左转来到卡特广场（Campo delle Gatte），右转就能到达芙拉尼大街（Calle dei Furlani），这里可通往马耳他骑士团教堂。

芙拉尼的圣乔瓦尼教堂

马耳他骑士团教堂 ❾ 建在隐修院旁边，人们经常称其为芙拉尼的圣乔瓦尼教堂（San Giovanni dei Furlani），但它真正的名字是圣殿骑士团教堂。它始建于11世纪末，在1312年圣殿骑士团解散之后，它被授予了圣哲罗姆骑士团，随后这个骑士团更名为罗德（Rhodes）骑士团，最终更名为马耳他（Malte）骑士团。

教堂曾装饰得富丽堂皇，但在1800年时，拿破仑将它所有的装饰物和油画都洗劫一空。现在，除了每周六17：30会向公众开放外，其余时间该教堂都处于闭馆状态。

在教堂内，有一条充满魅力的**回廊**，里面装饰着骑士团的纹章。

圣乔治会堂

圣乔治会堂（Scuola di San Giorgio degli Schiavoni）❿ 恰好就在马耳他骑士团教堂的旁边。

威尼斯共和国和亚得里亚海对岸居民之间的联系，可以追溯到最古老的时代。在15世纪初兼并达尔马提的时候，产生了大量的移民，在1451年他们组织成为一个信徒会堂（scuola），并处于三大圣人的庇护之下：圣乔治、圣特勒弗和圣哲罗姆。马耳他骑士团教堂接纳了他们。16世纪初，他们在圣让德耶路撒冷骑士团修道院（Saint–Jean–de–Jérusalem）的土地上建造了现在的信徒会堂。会堂的外观由建筑师乔瓦尼·德·赞（Giovanni De Zan）设计。至于内部，则用一组献给三位圣人庇佑者的油画作品来装饰，它们皆由维托雷·卡尔帕乔（Vittore Carpaccio）在1507年至1509年间所作。它们最初是为楼上展厅所作，1551年被置于会堂的地下室，现在您就可以在那里欣赏到这些画作。这些几乎没有任何变化的展厅是意大利文艺复兴最珍贵的证明之一。随着威尼斯共和国的衰落，1797年，这些宗教协会被迫关闭，它们的财产要么被充公，要么流于世间。只有圣乔治会堂获得了保留自身财产和延续自己宗教活动的特权。

“圣乔治的传说”由7幅大型油画作品:《圣哲罗姆与狮子》《圣哲罗姆的葬礼》《圣奥古斯丁的幻象》《圣乔治斗恶龙》《圣乔治的胜利》《圣乔治为塞勒涅洗礼》《圣特勒弗的奇迹》，和两幅较小的油画作品《圣马蒂厄的使命》与《橄榄园中的祷告》共同构成。卡尔帕乔从未离开过他的城市，他很清楚，自己所画的服饰和建筑都是对周围环境的一种虚构性的再创造。这位画风奇特的艺术家借助大量的细节，在他的每幅作品中都创造出一种魔力。这位杰出画家的作品让人着迷，不要错过了在威尼斯学院美术馆欣赏《圣女乌尔苏拉的传奇故事》和《里亚托桥的十字架奇迹》的机会。画布左侧的文字描述了这幅画的内容：威尼斯人的生活在这条凉廊下欢快地流淌，而贡多拉则在大运河平静的水面上穿梭往来。

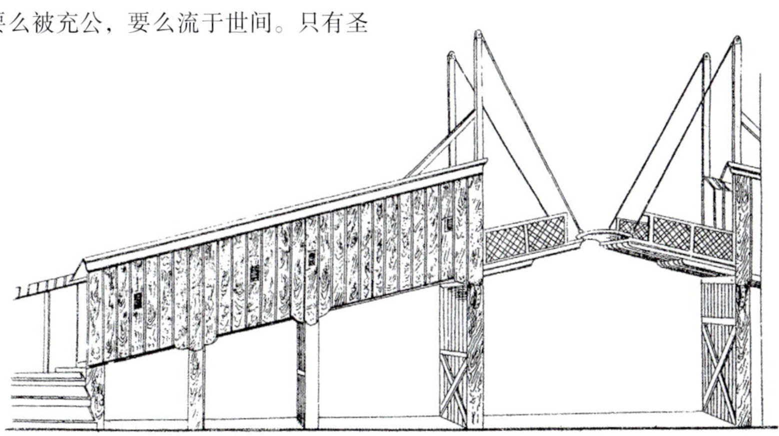

里亚托桥，卡尔帕乔作品《里亚托桥的十字架奇迹》

卡尔帕乔的《圣奥古斯丁的幻象》细节图，存放在圣乔治会堂内。

马耳他骑士团

1023 年左右，由阿马尔菲商人创立的马耳他骑士团修会出现在中东。他们最初的使命是救助那些朝圣者，他们最初的称谓也是慈善救助人士。

一开始，骑士团由本笃会修道士领导，鉴于保卫骑士团自己的圣墓、朝圣者和经济利益不受影响的迫切性，救济院很快就有了军事化的性质。就这样，圣让德耶路撒冷骑士团诞生了，它的历史与十字军的历史息息相关。

在失去了中东的领地后，骑士团迁到了罗德岛，在这里建立了主权国家（1309 年）。他们以保护基督教活动为由，进行了众多获利丰厚的私掠船活动。

1522 年，庄严的苏莱曼（即苏莱曼一世）终结了他们的主权，骑士团逃到维泰尔博（Viterbo）。查理五世（Charles V）将马耳他岛授予他们（1529 年），自此，他们就有了现在的这个名字。

1798 年，拿破仑攻占马耳他岛，迫使他们最终逃到罗马（1837 年），他们现在仍居住在此。作为十字军的最后继承者，这些来自欧洲贵族家庭的骑士，在勒班陀战役期间，以将他们的三艘双桅战船列入第一纵队为荣。

在威尼斯的希腊区

让我们离开圣乔治会堂，踏上圣母怜子河（Rio della Pietà）旁边的芙拉尼大道，再通过右边的圣安东尼桥（Ponte Sant'Antonio）。重新回到希腊街区（Salizzada dei Greci），这里有家雷米吉奥餐馆（Trattoria da Remigio）。让我们继续直走，直到一座桥正好出现在眼前，这时左转进入一条几乎悬空的大街，这里是科多·马第斯喜欢的避难所，它保留着所有的威尼斯特色。

希腊人在这里为圣乔治供奉了一座教堂，即**希腊圣乔治教堂**（Chiesa di San Giorgio dei Greci），它是西方教会最古老的教堂。这很容易就使我们联想到在土耳其占领希腊的时候，威尼斯曾经是希腊人的主要聚居区。过去，这里曾经有过许多希腊水手和商人，但随着拜占庭帝国的崩溃（1453年），他们中又加入了学者、编辑、艺术家和缮写者。总而言之，希腊社群成了威尼斯的外国社群中最为重要的一个。

希腊东正教被视为教会分立派宗教，尽管威尼斯的宗教氛围较为宽容，但想找到一个能举行希腊东正教仪式的地方，仍然不容易。在数次的斗争和一个过渡期后（这一时期，威尼斯准许了他们在圣比亚吉奥举行弥撒活动），希腊人被允许创建自己的教会，并可以在圣安东尼购买一块土地。1539年，带着罗马教皇的恩准，他们开始建造教堂，这就是献给殉教者圣乔治的教堂。

1537年，在建筑师桑特·隆巴尔多和后继者安东尼奥·乔纳的帮助下，教堂顺利完工。从建造起就倾斜的钟楼是贝尔纳迪诺·奥加林（Bernardino Ongarin）的作品。

在15世纪末至16世纪初，威尼斯成为欧洲最负盛名的希腊文化中心。在一批希腊专家和学者的支持下——比如，与文人的守护者利奥十世（Léon X）合作的马尔科·穆苏罗斯（Marco Mussuros）——发行人阿尔多·马努提乌斯（Aldo Manuzio）出版了一些希腊古典作品，如柏拉图和亚里士多德的相关著作。

1662年，得益于律师托马索·弗兰吉尼（Tommaso Flanghinis）对教会的一笔丰厚捐赠，弗兰吉尼安高等神学院（Collegio Flanghiniano）得以被建在这座教堂旁。同时期，建筑师巴

尔达萨雷·隆盖纳设计建造了一家医院，如今那里是**圣像博物馆**（Museo delle Icone）⑪。

这幢建筑仿佛带我们穿越了时空：博物馆收集了东正教的圣像和充满彩饰字母的手稿。一段装潢考究的环形楼梯一直通向教士会议室，这间会议室金碧辉煌，而今用于举办希腊学院会议和现代希腊艺术家临时艺术展。在教堂后面的半圆形后殿下有一座极小的古老墓穴。乳香的芬芳随后会吸引着您来到这座漂亮的教堂里面，这便是**希腊圣乔治教堂**⑫了。教堂如一座拜占庭圣像一样通体镀金，它的每一面都有一座两柱型的木制祭坛。

希腊学院的徽章

圣像屏的彩绘大部分由克里特岛的画家米歇尔·达玛斯基诺斯（Michele Damaskinos）（16世纪）完成。而在希腊本国之外独树一帜的希腊学院则进行着对拜占庭和后拜占庭的研究。该学院十分活跃，并为研究人员提供了丰富而珍贵的档案资料。

前往圣弗朗切斯科葡萄园教堂

离开希腊区，过了桥，沿着河堤右边一直到圣洛伦佐桥，直走然后向右来到圣洛伦佐大街（Calle San Lorenzo），一直前行至运河。在这里，我们能看到对面圣殿骑士团的老修道院。现在，让我们左转，过了新胡同（Corte Nova）桥，这就来到了达旦特客栈（Da Dante），它可是经典旅游路线中的保留项目。

经由通道离开院子的同时，您别忘了看一眼献给圣母的小祭坛。传说中，她一直保护着当地居民免遭鼠疫的侵袭，也预防其他所有流行病。在离开这条街之前，您可以在左边找找2862号：一排栅栏围住的马尔泰塞胡同，在普拉特的作品里，这里被称作“金嘴巴”。继续我们的行程，左转来到圣朱斯蒂纳大道（Salizzada Santa Giustina）。在经过一栋被凿了几个出水洞的房子后，我们来到了一座气派的大门前，这座大门是拜占庭－威尼斯风格的大理石拱门，通向一个充满魅力的院子。这是普拉特笔下马拉尼街（Calle dei Marrani）所在的地方。在十字路口左转，过桥后我们将会到达**圣弗朗切斯科广场**（Campo San Francesco della Vigna）。一根柱廊支撑着一条加高的通道，这条路连接着方济各修会和教廷大使府邸。**圣弗朗切斯科葡萄园教堂**（Chiesa di San Francesco della Vigna）⑬（1534年）

正屹立于这条通道的尽头。这是雅各布·桑索维诺的杰作，而教堂外观则是后来由帕拉弟奥所设计建造的。回廊和花园尤其值得一游。这座教堂正是根据修士弗朗切斯科·佐尔齐（Francesco Zorzi）的研究所建造的，他了解最使人感兴趣的比例和整体的协调。我们在教堂内发现的那些有趣的画作当中，有一组彼得罗·隆巴尔多所画的先知图。当时，他与桑索维诺一起合作完成了圣马可钟楼回廊的设计。看起来，教堂似乎是在一座更古老的、献给圣马可的教堂遗址上建立的。

传说中，圣马可在阿奎莱亚城（Aquileia）附近突遇一场暴风雨，于是他便在此处歇脚。一位天使出现在他的面前并对他说："愿和平与你同在，马可，我的福音传教士。"随后，这句话就成为威尼斯共和国的一句箴言。

我们能在那儿看到城中规模最大的葡萄种植园，它是齐亚尼（Ziani）家族的财产。1253 年，该家族将这个葡萄园捐赠给了熙笃会修士。后来，修士们建了一座修道院，并由此为其取名为圣弗朗切斯科葡萄园教堂。

玛尔维萨葡萄酒

此刻，让我们回想一下这座城市和葡萄酒之间那种稳固而持久的联系。提多·李维（Titus Livius）已经描述过：原住民海内蒂人（Heneti）或埃内蒂人（Eneti），即葡萄酒酿造者，将自己的名字改为威尼托人，这也就表明了这些人和这一饮品之间有种种关联。奇怪的是，在那个时代，比起本地的葡萄酒，人们一般更喜欢饮用来自爱琴海和希腊的葡萄酒。许多小店铺的名字都是玛尔维萨（Malvasia），我们在商店里看到了"小希腊"：玛尔维萨麝香葡萄酒（也是用于弥撒活动的酒）或苦玛尔维萨。这种来自克里特岛或塞浦路斯的进口葡萄酒总是有着甜润的口感，并散发着多种香料的芬芳。

在研究威尼斯风俗的伟大学者莫尔门蒂（Molmenti）看来，威尼斯葡萄酒和其他地区的葡萄酒在品质上是截然不同的：它们有益健康、健胃、强心、滋补、醇厚、温和而又清淡。

14世纪时威尼斯的一句著名的祝酒词："喝得好才能睡得好，睡得好才不会心怀恶意，不心怀恶意才不会去作恶，不作恶才能上天堂，所以喝下这杯酒吧，天堂便触手可及！"

自蛮族入侵结束后，修士们已经在修道院内成功地种植了葡萄。威尼斯当地的大家族买下了这些产业，并开始对这项生产活动产生兴趣。因此，人们开始酿造优质的本地葡萄酒：瓦尔波利切拉红葡萄酒（valpolicella）、皮科里特白葡萄酒（picolit）、维奈西卡白葡萄酒（vernaccia）及其他各类葡萄酒。行会也开始分工：酒窖管理者、本地及进口葡萄酒销售者、葡萄酒批发商。1609年，他们合并成了一个统一的行业公会。

通向别处的门

过了桥，让我们回到刚才的地方，然后踏上圣弗朗切斯科大道（Salizzada di San Francesco）。随后向右穿过庞巴迪里通道（Sottoportico dei Bombardieri），这样正好可以看见对面炮台上的一尊漂亮的奠酒器，它代表着圣芭芭拉。通向圣朱斯蒂纳大道的窄巷隐藏在其他两条路况良好的大街中间。16世纪时，投弹手行会亦在此搭建房屋，并建造了福尔摩莎圣母教堂的祭坛。福尔摩莎圣母教堂将雅各布·帕尔马的一块漂亮的装饰屏献给了他们的主保圣人。威尼斯共和国结束后，他们实际上只能保证自己和平守卫者的职责。

再次踏上圣弗朗切斯科大道，行至尽头，左转两次来到奥利欧街（Calle dell'Olio）。看一眼位于左侧廊道上方的一块古老的大理石，上面刻着来自伊斯特拉半岛的埃里佐（Erizzo）家族的徽章，这个家族为威尼斯贡献了一位总督——弗朗切斯科·埃里佐（Francesco Erizzo，1631—1646年）；在1470年，还出了一位奈格勒朋（即优卑亚岛，位于爱琴海上）的大使，即保罗洛·埃里佐（Paolo Erizzo）。这位英勇抵抗土耳其人、保卫小岛的英雄被穆罕默德二世（Muhammad Ⅱ）的军队监禁。他被绑在木板上，身体被锯成了两段。

沿着渐渐变窄的奥利欧街继续向前，直到左边的一条名为“巴福”（Baffo）的岔路胡同出现。这个名字来源于伟大的爱情诗人乔治·巴福（Giorgio Baffo）的家族。在胡同的尽头，请您看看⑭：对面宫殿的一角看起来像是仿造的，窗户看起来只是一扇普通的窗户，一面坚固的墙支撑着它，但在后面，却空无一物。

这一切也许只是一个童话或一个梦境中的美景：威尼斯并不存在，威尼斯只是一座装潢奇幻的剧院；威尼斯人亦不复存在。也许他们曾经在此生活，但这已是很久之前的事了，而威尼斯，不过是一个不可思议的梦罢了。

您现在可以去解开这些谜团了，也可以只去探索那些暗河，以及那些可以超越表面景象的大门。您不再是这些被幻想所迷惑的游览者，可以听从自己灵感的指引，认真地去欣赏每一处景致而不再是盲目地乱看。

现在来到圣戴瑞尼塔广场（Campo Santa Ternita），然后登上苏弗拉吉欧（Suffragio）桥或克里斯托（Cristo）桥，这里有一条街，指引着您前行至一座拱门。和水上巴士的停靠站一样，这个地方拥有一个再合适不过的名字：天堂街。

登上向右航行的52号或23号航线的船，它们拥有横渡兵工厂的最大特权。请您看看四周，让想象自由驰骋。梦境一结束，水上巴士就会把您送到圣扎卡里亚教堂（Chiesa di San Zaccaria）。

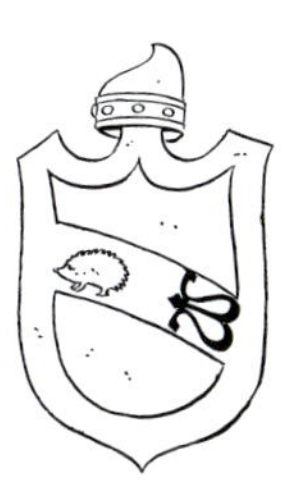

埃里佐家族的奠酒器和徽章

纹章和象征

威尼斯共和国结束后（1797 年），一支由六名石匠组成的队伍被委以重任：他们不仅要清除装饰在一些大家族房屋上的纹章，还要拆除一切代表着威尼斯共和国的狮子塑像。

1797 年 5 月 29 日，以下措辞明确传达了这项决定：

“在听取了公安委员会的报告之后，威尼斯的临时市政府认为，每个自由人都应该理所当然地憎恨所有象征着威尼斯共和国暴政的纹章……”

大量的纹章因此消失，但环绕在纹章周围的花样（多数是宗教的图案）未受破坏，并且人们阻止了这些狂热维护新政府的雕刻匠们靠近这些图案。至于狮子塑像，鉴于它们的数量太多，拆除它们便成为一项更为艰巨的任务。唯一一批在这场全面破坏狂潮中幸免于难的，就是在马尔恰纳图书馆（Libreria Marciana）的周围、圣马可广场以及在兵工厂的狮子塑像。甚至连圣马可修道院的象征都被损毁了。现在，全威尼斯只剩下了三件（其中一件就在德意志货仓的 2 楼）。

装饰桥梁拱顶的石狮子也同样遭到了破坏。现在，我们只能找到一个了，就在穆拉诺岛的一座桥上，它曾被人们从运河的深处打捞上岸，并物归原处。

石匠队也许未曾抵达马拉莫科，因为我们还能在此处看到 20 只左右的狮子雕塑。

在您的漫步之旅中，您将会注意到在宫殿或房屋的墙上有着数目庞大的威尼托 – 拜占庭式的奠酒器（其上雕刻的装饰图案经常是动物）。它们构成了世界上独一无二的中世纪动物图画集。

它们的起源要追溯到 1000 年以前，而它们的生产制造则持续到了 13 世纪末。

我们还能发现与叙利亚、亚美尼亚或西班牙风格相似的壁板。

大量的仿制品正是来自 19 世纪时对新哥特和新拜占庭风格的迷恋。

在您漫步的同时，不要错过了那些不可胜数的小塑像。它们就像白色砾石一样，充斥着我们的旅途，使您想象出遥远而神奇的世界。还有一些其他雕塑等待我们去发现，不仔细观察就会错过，它们负责守护暗河并看管威尼斯私人花园所藏的宝藏。

①

②

③

④

⑤

大信徒会堂纹章

Scuola 是指信徒会堂，信徒们虔诚信教，并对穷苦之人实行救助。

信徒会堂有自己特定的章程。主要的信徒会堂有六个：

圣戴多禄堂（San Teodoro）（它的纹章已在城中遗失）

① 圣玛利亚慈善堂（Santa Maria della Carità）

② 圣乔瓦尼福音堂（San Giovanni Evangelista）

③ 老慈善堂（Scuola della Misericordia）

④ 圣洛克大会堂（San Rocco）

⑤ 圣马可大教堂（San Marco）

不同的职业团体也创立了自己专有的信徒会堂。

东方之门

卡纳雷吉欧区，犹太区，佩萨罗宫

起点
终点
0
100 m
Canale delle Navi
Sacca della Misericordia
Casino d. Spiriti
Pal. Contarini
Ponte di Sacca
Corte Vecchia
Corte Nuova
Scuola Vecchia della Misericordia
S. Maria Valverde
Campo dell' Abbazia
Fond dell'Abbazia
Rio della Sensa
Scuola Nuova della Misericordia
Palazzo Lezze del Longhena
Fond della Misericordia
Canale della Misericordia
Rio della Racchetta
C della Racchetta
Rio di San Felice
Fond San Felice
Rio di Santa Sofia
Strada Nova
Campo Santa Sofia
Ca' d'Oro
C Larga Doge Priuli
C Salamon
Fond d Chiesa
C della Stua
Campo San Felice
Rio di Noale
Fond del Trapolin
Fond Moro
Rio di Santa Fosca
Fond Vendramin
Fond Diedo
Rio della Maddalena
Rio Terà della Maddalena
C del Traghetto
C d Fiori
Madonna dell'Orto
Campo Madonna dell'Orto
Fond Madonna dell'Orto
Fond Gasparo Contarini
Pal. del Cammello
Campo dei Mori
Mori
C dei Mori
Rio dei Muti
Rio Brazzo
Fond dei Mori
Corte del Cavallo
C Gradisca
Rio degli Zecchini
Rio della Madonna dell'Orto
Convento
Campo Sant' Alvise
Sant' Alvise
C del Capitello
C della Malvasia
Fond della Sensa
Rio della Sensa
Rio della Misericordia
Rio dei Servi
Fond Canal
C Larga Vendramin
C Colombina
Rio di San Marcuola
Cllo dell'Anconetta
Rio Terà del Cristo
Rio Terà della Chiesa
S. Marcuola
Campo San Marcuola
San Marcuola
Traghetto
Grand Canal
San Stae
Campo San Stae
Ca' Pesaro
Salizz San Stae
Pal. Mocenigo
Fondaco dei Turchi (M. Storia Nat.)
Salizz del Fondaco dei Turchi
Ponte del Megio
C del Tintor
San Zan Degolà
Rio di San Zan Degolà
C dei Preti
C Bembo
Rio Terà
Corte Zappa
Fond degli Ormesini
Campo del Ghetto Nuovo
Museo Ebraico di Venezia
Rio di Ghetto Nuovo
Ghetto
C dei Rabbia
Rio Terà San Leonardo
Ghetto Vecchio
Canale di Cannaregio
Ponte delle Guglie
Guglie
Fond Labia
Campo San Geremia
Riva di Biasio
Rio di San Girolamo
Fond San Girolamo
CANNAREGIO
Fond delle Cappuccine
Fond Venier
Parco Savorgnan
Rio Terà Lista di Spagna
Rio Marin
Rio del Battello
Fond del Battello
Fond di Cannaregio
Fond Savorgnan
Pal. Suriàn Bellotto
Crea
Ponte Moro
Fond delle Case Nuove
Ponte dei Tre Archi
Tre Archi
Campo San Giobbe
San Giobbe
Rio di San Giobbe
Fond Crotta
Gondole (Scalzi)
Bateaux-taxis (Scalzi)
Ferrovia Santa Lucia
Gondole (Ferrovia)
Stazione di Santa Lucia (Ferrovia)
Fond Santa Lucia
C Priuli detta dei Cavalletti
C della Misericordia

起点：水上巴士一站点：黄金宫（Ca' d'Oro）

终点：佩萨罗宫

游览须知：希伯来博物馆（www.museoebraico.it；新犹太广场，2902b）组织了一些配有导游的游览活动，游客可以去探索当地主要的犹太教堂。

东方之门

卡纳雷吉欧区，犹太区，佩萨罗宫

威尼斯存在于水、地面与天空之间，它是一座边界城市，东西方文明在这里相互碰撞。威尼斯共和国原本是拜占庭帝国的一部分，它很早就与埃及有贸易往来，随后又与整个东地中海地区建立了贸易关系。威尼斯积极参与十字军东征，将自己的影响扩大到塞浦路斯、罗德岛和黑海。从 13 世纪起，它的附庸城市就保证了威尼斯共和国至高无上的霸权。中国和其他地方运来的香料和丝织品从这里发往整个欧洲。

威尼斯的建筑中既有与清真寺的尖塔相似的威尼斯钟楼，也有拜占庭风格的马赛克艺术，它们在很大程度上印证了这段交流史。从东方化的宫殿到阿拉伯喷泉，从博物馆到犹太教堂，这段曲折的游览路线正处于威尼斯，而这里也是希腊人、亚美尼亚人、波斯人和土耳其人共同生活的地方。至于犹太区，它曾聚集了中欧、西班牙及地中海东岸地区的犹太人。由于深深着迷于当地的神秘用语和居住在此的神秘居民，雨果·普拉特对这一地区有种特别的喜爱，这种情感在《威尼斯传奇》（*Favola di Venezia*）这部作品中尤为明显。

❶ 黄金宫
❷ 新慈善堂修道院
❸ 阿帕兹亚广场
❹ 骆驼宫
❺ 摩尔人雕塑
❻ 圣阿尔维塞教堂
❼ 苏里亚·贝洛托宫
❽ 三孔拱形石桥
❾ 圣约伯教堂
❿ 圣莱昂纳多沿河大道
⓫ 被斩首的施洗者圣约翰教堂
⓬ 土耳其商馆
⓭ 佩萨罗宫

建筑师在修复黄金宫的时候，没有考虑到它的灵魂，于是它的魔法消失了。漂亮的东方地毯在储藏室里发霉了。人们将它变成了一座干净而整洁的博物馆。可怜的弗兰凯蒂！

黄金宫

让我们从这座15世纪的华丽宫殿出发，它那彩色的大理石外观正是威尼斯黄金时代的产物。

比起哥特风格，这组由马里诺·孔塔里尼（Marino Contarini）主持修建的建筑群更具东方魅力，但我们更应该将这一切归功于一位杰出人物，也就是这件艺术作品的最后一任主人——男爵乔治·弗兰凯蒂（Giorgio Franchetti）。在去世的前几年（1922年），他将这座宫殿以及自己的巨额不动产捐赠给了国家。而最后一批居住在黄金宫的人，他们的故事则值得用一整章的篇幅来介绍，因为这一祖籍曼图亚的犹太家族中出了数位显赫人物。

几经易主后，当乔治·弗兰凯蒂买下**黄金宫**（Ca' d'Oro）❶时，它已陷入十分糟糕的境地。于是，男爵对其进行了整体修复。他极为关注这项工程，亲自跟进了所有的修复工作，并收集了一批优秀的艺术作品和重要的家具摆件，以此实现自己的一个梦想：再现威尼斯共和国时代的一座豪华贵族府邸。他以一种极为考究的态度布置了华丽的东方地毯和弗拉芒挂

毯、各种各样的战利品、贵重的雕塑、精美的油画和那个时代的家具，还有古币藏品和从考古挖掘中得到的硬币。

在这些意大利不同画派的油画作品中，尤其不要错过安德烈亚·曼特尼亚（Andrea Mantegna）的《圣塞巴斯蒂亚诺》（*San Sebastiano*）。在一个漂亮的院子里，有一座由巴尔托洛梅奥·博恩（Bartolomeo Bon）雕刻的石井栏、一组拜占庭风格的奠酒器、一些希腊和罗马雕像的残存部分。一段漂亮的外部楼梯通往宫殿的最顶层。

前往老仁爱堂

在游览了这座令人赞叹不绝的宫殿后，我们可以直接穿过新街（Strada Nova），然后进入黄金宫客栈（Ca' d'Oro），或许人们更熟悉"维多瓦"

（Alla Vedova）这个名字。在出口处向右前往皮斯特街（Calle del Pistor）。在巴利胡同（Corte dei Pali）的左边，有一家非常时髦的爱尔兰酒馆：提琴手之肘（Fiddler's Elbow）。

让我们继续直走，直到一座桥为止。这座桥也许会让您想起《威尼斯传奇》第一页的内容。这里有一家令人难以忘怀的小餐馆：吉乔酒家（Vini da Gigio）。

沿着右侧的圣费利切大道（Fondamenta San Felice）继续向前走，在道路尽头有一座没有护栏的桥，过去城中所有的桥都是这样的（如今仅存的另一座没有护栏的桥在托切罗岛）。

让我们把它留在身后，继续前行，慈善（Misericordia）桥将我们引向一条与之同名的大街。紧随其后的是欧尔梅希尼河岸街（Fondamenta degli Ormesini），近些年来，它已经成为城中夜生活的中心之一。

我们在那儿发现了一系列具有异域风情的餐馆：阿拉伯、叙利亚、墨西哥以及著名的失乐园餐厅（Paradiso Perduto）——在过去，它神秘而不引人注意，现在我们能在这儿欣赏到现场表演的爵士乐。

在桥的另一边，我们看到了由隆盖纳设计修建的勒兹宫（Palazzo Lezze），里面有着无数的珍贵画作

迪耶多街（Calle Diedo）通向迪耶多宫的拱门，卡萨诺瓦就经常光顾此地。请您看看这件珍品：一头长着蝙蝠翅膀的狮子，它是一种吸血的狮子，从巴特曼（Batman）到威尼斯，人人都知晓这件纪念品。希帕蒂亚（Hipazia）和泰昂（Teone）就曾住在这座房子里。

直到20世纪60年代，每天晚上，老仁爱堂的每条拱廊下都藏着一对爱人。在这里，当四周一片静谧时，如果月亮和河水找到了一个完美的角度——当然，首先您得是个幸运儿——您将看到奥蜜蛱蝶（Melitaea aurelia，诺斯替教派的蝴蝶）在墙上振翅……

（提香、保罗·韦罗内塞、丁托列托……）。它是威尼斯共和国解体之后第一个被抢掠一空的地方。靠近些，您将在左侧侧面的阳台下看到一块十分有趣的炼金术浅浮雕，它和鸟身女怪一起，稍稍隐藏在角落，看起来十分古怪。

而更高处的另外两件浅浮雕就完全是难解之谜了。右手边，一幢有着淡红色砖墙的建筑物俯瞰着我们：这是**新慈善堂修道院**（Scuola Nuova della Misericordia）❷，这幢庄严的建筑是桑索维诺的作品，它的侧面仍是一副未完工的样子。绕过修道院，一起踏上通往**阿帕兹亚广场**（Campo dell'Abbazia）❸的木桥。这个广场恢宏壮丽，我们可以在这里欣赏到一座如今已经关闭的教堂。旁边是**老仁爱堂**（Scuola Vecchia della Misericordia）最早的所在地，尽管在17世纪时遗失了它那有华盖的华丽大门［如今收藏在伦敦的维多利亚与阿尔伯特博物馆（Victoria and Albert Museum）］，但仍然保存着自己独特的风格。这一地区建筑的整体风格和城中其他的地方略有不同，这里是威尼斯最为宁静和浪漫的角落。在科多·马第斯的时代，这幢有着迷人魔力的建筑属于画家伊达利科·巴拉斯（Italico Brass，导演丁度·巴拉斯的祖父），他在此处留存了一套有趣的艺术藏品。

世界上最大的水彩画

在继续沿着大路前行的同时，我们会看到**慈悲圣母堂**（Madonna della Misericordia）的一扇漂亮拱门。在这里，在新街胡同（Corte Nuova）及其周边，慈善堂为穷人们搭建了许多房屋。右转来到穆迪（Muti）木桥，这座桥通向船舶修理区。不过，在踏上这座桥之前，我们需要先到萨卡桥（Ponte di Sacca）。从这里看去，潟湖北面的风光宛如仙境。俄国诗人布罗茨基（Brodsky）说它是世界上最大的水彩画。在米塞里科迪亚湾（Sacca della Misericordia）的另一边，人们有时可以瞥见韦纳希娅娜·史蒂文森（Venexiana Stevenson，科多·马第斯的故事中的女性角色）从窗户后注视着我们。自从她放弃了冒险并卸下行囊，她就在这里静静地欣赏潟湖和湖面上飞过的海鸥。

孔塔里尼宫（Palazzo Contarini）就在对面，它的后面是几座花园和菜园，还有**亡灵之家**（Casino degli Spiriti）。关于这个地方，我们在“探险之门”这一章节中已经谈过了。

摩尔人的国度

沿着河堤继续向前，我们看到马斯泰利宫（Palazzo Mastelli）倒映在水面上。由于宫殿表面的浅浮雕图案，它也被称作**骆驼宫**（Palazzo del Cammello）❹。这曾是马斯泰利（Mastelli）三兄弟：瑞罗巴（Rioba）、阿凡尼（Afani）和桑迪（Sandi）的府邸。1112年，他们从摩尔王国来到威尼斯，并在此处建立了他们的贸易总部，取名为阿拉伯商行（Fondaco degli Arabi）。

这座15世纪的宫殿，基座饰以拜占庭风格的中楣；拐角处阳台的左侧，一座罗马风格的祭坛代替了圆柱；右侧阿拉伯风格的小喷泉却给它增添了一丝东方神韵。

随后我们来到一座广场上，在这里矗立着一座漂亮的15世纪哥特式教堂——**菜园圣母堂**（Madonna dell'Orto）。在诸多艺术家的作品中，我们发现了雅各布·丁托列托（Jacopo Tintoretto）的三幅伟大的油画作品——这位画家就曾生活在旁边的摩尔人大道（Fondamenta dei Mori）。

来到教堂对面的桥上，这里能看到钟楼的圆顶，这座非常漂亮的圆顶式钟楼让我们又一次联想到了东方国度。现在来到了**摩尔人广场**（Campo dei Mori），在栅栏的另一边，即左手边的位置，我们能看到骆驼宫的入口。

同一边，三座**摩尔人**（Mori）❺的雕塑被镶嵌在墙上，广场的名字就来源于此。在当地的传说中，这三尊

第四尊摩尔人雕像在摩尔人广场上丁托列托故居下面

船舶修理工地在森莎运河（Rio della Sensa）上的穆迪桥边

雕塑就代表了马斯泰利三兄弟。而对于第四尊雕像，这种鉴别方法就出了问题。这尊雕像在一个 15 世纪的壁龛里，过去摆放在丁托列托的故居下面，朝向街角。人们认为，"他" 象征着马斯泰利兄弟的一位忠仆，浅浮雕里著名的牵骆驼之人。在 20 世纪，角落里的摩尔人安东尼奥·瑞罗巴先生（Sior Antonio Rioba）被戴上一个假的铁鼻子，它被置于一根古代圆柱的残片上，和里亚托岛的驼背（Gobbo）共同成为一个具有讽刺意味的角色，这是一种威尼斯式的讽刺方式。有趣的是，所有这些雕塑过去都曾被涂过颜色，当时的威尼斯城处于鼎盛时期，几乎到了色彩大爆炸的程度：壁画、石头画，以及在节日里各式各样的挂毯和悬挂在阳台上的彩旗。在气候宜人的季节里，您将发现如今已难得一见的凉亭里面提供着各种各样清凉解暑的果汁冰糕，也许您还能在那里吃到一根酸豆冰糕呢！继续沿着摩尔人大道向右前行，过了桥，就是森莎大道（Fondamenta della Sensa），这一街区还完好地保存着自己的风格。

如果您想饱餐一顿，或是想在此享受约会，那么过了罗索（Rosso）桥之后，最近的就是阿尼斯·斯特拉多餐馆（Anice Stellato）了。

圣阿尔维塞广场

过了旁边的卡皮特罗街（Calle del Capitello）后，一座桥将我们引向圣阿尔维塞广场（Campo Sant'Alvise）。

圣阿尔维塞教堂（Chiesa di Sant'Alvise）❻是一座哥特风格的建筑，17 世纪时，教堂内部进行过一次翻修。我们能在这里看到提埃坡罗（Tiepolo）的精美画作以及 15 世纪时用胶画颜料所作的壁板。值得一提的是一座悬空的祭台，它由圆柱和外堡支撑，外堡上有七道 18 世纪时铁铸的栅栏，栅栏遮掩着七扇窗户，在窗户的那边，隐藏着清修的修女。在祭台的右侧，另一边的栅栏配有一扇小门，挂着厚厚的红色帷幔，在领圣体期间，这道栅栏就帮助嬷嬷们避开人们的目光。对于这些誓愿与上帝共度一生的女人们（有些姑娘是被迫来到教堂修行，她们被自己的家族监禁，在此为不知名的错误赎罪，每逢在教堂里领圣体的时刻，失望的恋人们只能远远守望着姑娘们精致的脸庞），人们可以将她们被社会排斥的程度与伊斯兰宫廷的监禁相比，但在那里，没有任何灵魂的升华和物质的剥夺，香脂、香膏、香水、游戏和打趣都带来了一种肉欲方面的融洽和竞争。事实上，贵族家庭经常将自己的长女送进修道院，而有权势的贵妇也常常深居简出。使命感显然不是这些修道院的第一要义。

让我们回到圣阿尔维塞桥，继续直走，然后通过玛尔维萨桥（Ponte della Malvasia），经过与之同名的巷子后到达欧尔梅希尼河岸街。在威尼斯共和国时期，我们可以在这里看到许多特色商铺，尤其是来自霍尔木兹的

潘塔龙（Pantalone）

犹太人的行为举止启发了喜剧假面人“缺吃少穿的潘塔龙先生”（Sior Pantalone de' bisognosi）的诞生，他是威尼斯乃至国际喜剧界中最为精妙出名的假面形象之一。

这个富有而爱抱怨的老头形象似乎来源于经常穿着紧身长裤（这种服饰来自法国）的平民阶层，其他更古老的起源可能是那些租用他们的装备和货物的犹太商人。为了鉴别哪些货摊是属于他们的，他们习惯于在附近插一根有着狮子图案的长杆。由此，“pianta leone”（种狮子）的表达，就衍生成了长裤的谐音（注：意大利语中，“pianta leone”和“长裤”——“pantalone”的发音相似）。而画家乔瓦尼·格万布罗诗（Giovanni Grevembroch）将这种表达追溯到了希腊语“panda leonda”，意为“对一切事物的掌控力”。这个穿着紧身长裤的人物有时也被演绎成一个叫詹巴蒂斯塔·加雷利（Giambattista Garelli）的人，这是一个经历十分离奇的角色，他最终变成了一个犯人。文德拉明家族在当年买下了它的版权，并最终将它搬上了圣萨尔瓦多剧院（San Salvadore）。

波斯绸缎，在当时特别受人们的喜爱。人们不仅把它织成衣物，还能做成靠垫、床罩和帷幔。

新犹太区

现在我们来到了**新犹太区**（Ghetto Nuovo）。1527年的一项政令要求所有犹太人，无论他们在城中是否有住宅，都必须在这一地区定居。而过去，他们曾经居住在朱代卡（Giudecca）岛上（我们将在“色彩之门”这一章节谈到这一地方）。

在这个城市社群的内部，聚居着阿什肯纳兹犹太人、地中海地区的犹太人和所有散居在世界各地的犹太人后代。他们一旦聚在一处，就开始分享彼此的秘密和他们从祖先那里继承的魔法故事。人们在这里讲着不同的语言和方言，许多新到此处的研究者都在探索着所有这些故事的奥秘，并试图去掌握这些故事中最隐秘的知识：点金石、能赋予“Golem”（一种人形木偶，犹太教教士可以赋予其生命）生命的咒语、所罗门的锁骨（我们将在“金之门”这一章谈到这一内容），以及一切古老的魔法咒语。传说，它们被授予给所罗门自己。《圣经》中将他看作是东方国度和埃及最睿智的人，他能够领导神灵和神怪，也就是

能领导那些好或坏的精灵，因为他拥有让大自然中的一切事物都听命于他的本领。在这个人群混杂的街区，我们经常与一些看似最平淡无奇实际上却极为有趣的人擦肩而过：卡巴拉教（Qabbala/Kabbalah，这个宗教的名字来源于希伯来单词“qabol”，根据传说，该词是指智慧）的拥护者，一个秘密哲学组织中的犹太教门徒，其教义阐释的关键隐藏在一些文章中，如《光辉之书》（*Sepher ha Zohar*）和《创造之书》（*Sepher Yetzirah*）；还有炼金术士们，他们通过净化灵魂和掌握的神秘咒语，去寻找长生不老的灵药及化学元素衰变的法则，使得银子能够变为金子。

我们经由一条门廊告别此地，在这里仍然能够看到门上残留的挂钩，它将**威尼斯犹太区**（Ghetto Vecchio）关在了门后。您将在右边看到一家犹太人餐馆——加加（Gam Gam），它取代了达旦特老客栈。

卡纳雷吉欧区运河

让我们向右转来到卡纳雷吉欧大街（Fondamenta di Cannaregio）， 这里矗立着**苏里亚·贝洛托宫**（Palazzo Suriàn Bellotto）❼，这里是法国大使馆的所在地。让–雅克·卢梭在担任大使蒙太居（Montaigu）男爵的秘书时，曾经在此居住。不久之后，红衣主教贝尼斯（Bernis）也曾在此短暂生活。他是卡萨诺瓦的朋友和保护者，在穆拉诺岛两位修女的陪伴下，他和卡萨诺瓦共同进行着情欲的游戏。随后，他住进了菜园圣母堂附近的维贡扎宫（Palazzo Vigonza，19 世纪时被拆毁）。**维戴楼街**（Sotoportego dei Vedei）就在苏里亚·贝洛托宫的正前方，它通向奥尔索尼（Orsoni）马赛克工作室。

威尼斯的犹太人

自从威尼斯统治了海洋，它就接纳了数以万计的国外社群，与它们中的许多人有了贸易往来，并在圣马可的会旗下，给予其他人有效的保护。也许因为潟湖的第一批占有者是他们自己的流放者，威尼斯人接纳了一大批外族社群，这些人对于城市的发展做出了极大的贡献。

在希腊人之后，这其中最为重要的社群一直都是犹太社群。由于其宗教背景，这些犹太人时而被接受，时而又被疏远。在威尼斯定居的犹太人数不胜数。

12 世纪时，就像已经为其他社群所做的那样，威尼斯共和国也为他们划定了一片区域，还把长刺岛（Spinalunga）授予了他们。当犹太人在岛上住下后，给它取了个新名字——朱代卡岛。

16 世纪中叶左右，元老院授予了他们一些卡纳雷吉欧地区的小岛，在军工设备被迁至兵工厂之前，这里曾经是威尼斯共和国铸铁厂的所在地。人们在此铸造大炮，而词语“getto”（熔化）在日常用语中转义为了“ghetto”（犹太人区）。其他的原始资料证明，这个词从犹太教词语“ghet”（隔离）转义而来，或是从中世纪犹太教希伯来语“get”或“gita”（抛弃）转义而来。

从 14 世纪到 18 世纪，马拉诺人（在西班牙或葡萄牙境内，被迫皈依基督教，但仍对自己的宗教保持忠诚的犹太人）很快就再次加入到来自德国和中欧的第一批犹太人社群中。

尽管威尼斯共和国从来没有很温和地对待过犹太人，但还是允许他们在此经商和行医——他们尤其擅长这些领域。

然而，他们仍受到一些限制，例如在基督教节日的时候，要关闭犹太区的城门，并被禁止在城中往来通行。不管怎样，犹太区还是日益繁盛，并且找到了在高度上扩大自己活动范围的方法！因为空间不足，犹太人大胆地垒上一层又一层的楼梯，建筑物从而达到了一种不可思议的高度。最终，政府允许犹太社群居住在城市的其他地方，只要他们不要在那些地方修建犹太教堂。

曾经在这一街区，人们至少能数出五座同样名为“schola”的犹太教堂。

其中最古老的当属泰德斯卡大会堂（Schola Grande Tedesca，1528年），紧随其后的是坎顿会堂（Schola Canton，1532年）和新犹太区的意大利会堂（Schola Italiana，1575年），以及老犹太区的黎凡特会堂（Schola Levantina，1538年）和西班牙会堂（Schola Spagnola，1555年）。最后建的这个教堂是规模最大的，1654年由巴尔达萨雷·隆盖纳主持重修。他同样也对黎凡特会堂的外部修建做出了贡献，同时对该教堂内部进行了修复。17世纪末，经由木刻家安德烈·布卢斯特龙（Andrea Brustolon）之手，它成为一座巴洛克风格的建筑。

赐予摩西的神秘名字——七十二圣音（Shem-ba Mephorash），当它们竖着书写时，代表着原始的人类。

麦基洗德花园的奇异之书

麦基洗德之家（Casa Melchisedech）就在犹太区，通过它的门廊之后，有一座关闭的小院子，对面有一扇摇晃的小门，通过褪色的门板上的缝隙，我们能隐约看见一座富丽堂皇的花园。在科多·马第斯偶尔造访威尼斯之时，他总会去那儿，去问候他那伟大的朋友麦基洗德博士以及他的侄女艾斯黛尔（Esther）……

墙上布置着几个奇怪的石子，在其背后的花园里，老学者发现了两本“难以辨读的书”：《沉默之书》（*Liber Mutus*），以及纳卡尔文（Naacal）的书板。实际上，这与一部书籍相关，丘奇沃德（Churchward）发誓已经在尼泊尔一家偏僻的修道院内查阅过此书，而书的内容让科多·马第斯十分不安……这些书谈到了一些遥远的陆地，以及一些与世隔绝的人民。一位神秘人物——西班牙裔犹太人约瑟夫·纳西（Joserf Nassi），在威尼斯居住期间将这些书藏在了这里。在两次严重控告的打击下：秘密监视土耳其人的账目，以及在兵工厂地区制造一次严重火灾（这项罪名从未被证实），他不得不迅速逃离威尼斯……

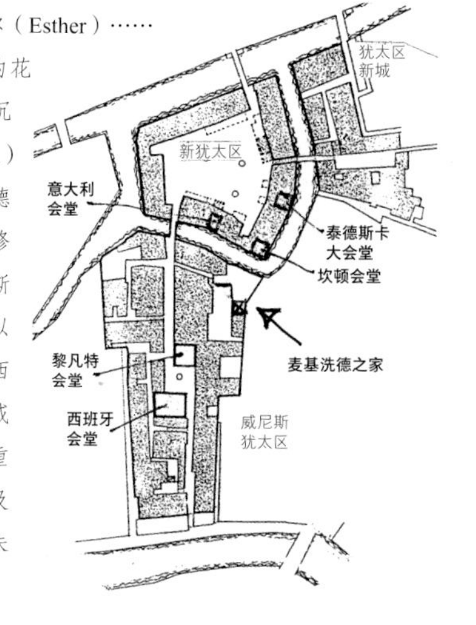

奥尔索尼出自手工艺世家，自21世纪初以来，参与了全世界许多重要的工地作业，从泰国的金塔到巴塞罗那的圣家堂，都能见到他的身影。继续沿街前行，我们来到了全威尼斯唯一的一座**三孔拱形石桥**（Ponte dei Tre Archi）❽，在《威尼斯传奇》中可以找到它的映射。

如果您想去参观不太出名的**圣约伯教堂**（San Giobbe）❾——它是彼得罗·隆巴尔多和其工作室的作品，那就请您过桥，随后您很快就会看见这件意大利文艺复兴时期的瑰宝。左边第二座礼拜堂的天花板装饰着德拉·罗比亚（Della Robbia）的陶艺作品。至于圣器室，它是一座真正金碧辉煌的大厅。

咖啡、猪肉食品和玉米粥

让我们踏上这条跟我们刚刚经过的大道平行的街道，经尖塔桥（Ponte delle Guglie）来到**圣莱昂纳多沿河大道**（Rio Terà San Leonardo）❿。这里有一个热闹非凡的市场，而街道两边，酒吧和小咖啡馆供应着必需的食物，以供我们补充体力，继续行程。就我个人而言，我推荐您去左侧的一个车站，那里有城中最后一个出售自焙咖啡的店铺。黄麻布包里散发着沁人心脾的咖啡香气，除了一杯口感醇厚的咖啡，我们还可以在这里找到美味的冰镇饮料。这里的餐馆和小旅馆比比皆是，不过，在为了适应大众旅游业而进行了数次翻新之后，这些地方已经失去了自己的灵魂。川流不息的人群席卷了整条街道。在科多·马第斯的时代，客栈的装潢都十分精美，并且每一家都独具特色，向游客们展示着自己的真实个性：“达尔·布兰迪森”（Dal Brindisin）提供着鲜美可口的猪肉食品和来自南部地区的葡萄酒，比如曼杜里亚葡萄酒（来自塔兰托地区）和特拉尼葡萄酒（来自巴里），它们中都富含相当强劲的单宁，以至于在白色大理石上留下了美丽的红色圆圈；“黑猫”（Al Gato Nero）根据客人们每日心情的好坏，来接待那些年纪最大、最沉默寡言或是最喜欢咕哝抱怨的顾客；而在“三段路程”（Al Scalineto），老板布鲁诺供应牛羊肚、小香肠和其他下水，他将这些食材都晾在自己店面前的支架上，当天气晴朗的时候，他就把这些美味佳肴放进一张厚厚的黄纸卷的空心中；“走向胜利”（Alla Vittoria）这家店则将口感新奇的炸鱼放在一大份玉米粥上，潟湖边的渔民直接向这家店供应食材；“时钟”（Alla Campana）提供豪华盛宴；而最后一家特色店吉安巴拉（Il Giambara），是所有商铺中鱼类品质最高的一家。

让我们带着一点怀旧情怀继续旅行，一直走到麦格森街（Calle del Magazen），在它右侧，大运河上的贡多拉渡口十分引人注目。

从一个河岸到另一个河岸

请您先来到克里斯托街（Rio Terà del Cristo），然后再踏上教堂街（Rio Terà drio la Chiesa），之后仍然向右前行，直至圣马尔库奥拉教堂（San Marcuola）。停靠船只的码头也坐落于此，而右边则是一个贡多拉的站点，人们可以在此乘船去往大运河的另一边。

比亚西奥河畔得名于一位名为“比亚西奥”的人，他以香肠小贩（售卖“luganeghe”，这是来自威尼托和弗留利的一种特色香肠）的身份来此定居。一个令人毛骨悚然的说法声称，这个可疑的人用人肉制作威尼斯人非常喜欢的一道菜——卡兹拖（sguazzetto）。事实上，最初是一位偶然来此的船夫在自己的碗里发现了一节带着指甲的手指。比亚西奥被告发到四十人议会，并被判处了死刑。他的住宅被夷为平地，人们在他的地下室里找到了许多其他受害者。这可谓是现代“连环杀手”的可怕鼻祖了！

伊波利托·凯菲

伊波利托·凯菲（Ippolito Caffi），是一位出生在贝卢诺（1809 年）的风景画家，他用一种充满优雅的想象力为自己的冒险和旅行经历作画。他以画家的身份登上了意大利舰队的旗舰“意大利国王”号（Re d'Italia）。他逝世于 1866 年 7 月 20 日，当时正值利萨海战期间。我们可以在科雷尔博物馆（Museo Correr）看到大量他的画作，在威尼斯海洋历史博物馆找到他关于船只的素描，在佩萨罗宫的现代艺术博物馆欣赏他的油画作品。

这条河上只有三座桥（学院桥、里亚托桥和斯卡尔齐桥）。这里有许多方便出游的渡船，它们连通着城市的不同片区，正是它们使我们免于绕太长的弯路。

我们可以看到对面的土耳其商馆，可惜它在 19 世纪的一次草率修复中失去了本来的神韵。现在，这是自然历史博物馆的所在地，利加波尔基金会（Ligabue Foundation）曾向其捐赠了一具庞大的恐龙骨架模型。如果贡多拉没有营业，那您可搭乘小船到**比亚西奥河畔**（Riva di Biasio）。

一座受到拜占庭风格影响的大教堂

渡过运河来到此处，上岸后先向左走再右转，再左转来到本博街（Calle Bembo），面前的这座桥将会带您去往**被斩首的施洗者圣约翰教堂**（San Zan Degolà）⑪，这是威尼斯最古老的教堂之一。尽管接连经历了多次修复，它依然保持着拜占庭式风貌。教堂内有 11 世纪的柱头和一位拜占庭画家所作的壁画——这大约是在教堂完工之时所作。接下来，请您踏上教堂左侧的普雷蒂大街（Calle dei Preti），它可以带您来到土耳其商馆大街（Salizzada del Fondaco dei Turchi）。

土耳其商馆

自然历史博物馆（Museo Civico di Storia Naturale）的入口就在街道尽头。这些有趣的藏品来自各种收购和植物学家与动物学家的捐赠，能为动物学、昆虫学、人体解剖学、矿物学、地质学提供全景教学。

13 世纪时，佩扎罗的贾科莫·帕尔米耶里（Giacomo Palmieri di Pesaro）主持修建了**土耳其商馆**（Fondaco dei Turchi）⑫。1621 年，威尼斯共和国将它租给了土耳其人，在此之

前，它曾是公爵费拉拉（Ferrare）的府邸。

这曾是城中最为豪华的大型住宅之一，威尼斯共和国经常向它的所有者借用这座豪宅，以安置来访的皇帝、王子和其他贵宾。越来越多的土耳其人居住在里亚托区的天使馆街（Osteria dell'Angelo），而其他一些人则散居在城市的其他角落。为了平息当地居民对其习俗的满腹牢骚，也为了更便于对他们进行管理，威尼斯将这座宫殿租给了他们，让他们在此安居并存放货品。所有来自奥斯曼帝国的公民必须经由这个机构准许，但种族和宗教的差异阻碍了居民共同拥护公共准则，比如，尽管小清真寺只对内开放，波斯的什叶派就与土耳其的逊尼派意见相左。如此一来，大家仍不愿意和对方和谐愉快地生活在同一屋檐下。

就这样持续了两个世纪，这里依旧是充满香料、香水和地中海中岸乳香的迷人世界，直到 1938 年时一个人买下了这幢建筑。

佩萨罗宫

让我们重新回到大街上，一直走到尽头，向左便是斯佩泽尔街（Calle del Spezier）和梅吉欧桥（Ponte del Megio），右边则是颇受大众欢迎的朱卡餐厅（Trattoria alla Zucca）和滕特街（Calle del Tintor）。过了桥，继续前行至圣斯德大街（Salizzada San Stae）的十字路口，左转，我们将在街道尽头看到水上巴士 1 号线的停靠站（圣斯塔站，San Stae）。如果您还有体力的话，那么请向右边走，跨过两座稍远地方的桥后，您将看到一座金碧辉煌的宫殿——**佩萨罗宫**（Ca' Pesaro）[在隆盖纳过世后，它由建筑师安东尼奥·加斯帕里（Antonio Gaspari）接手，并于 1710 年竣工]，而今它是现代艺术博物馆的所在地。您将会在这里三楼的东方艺术展馆欣赏到古斯塔夫·克里木特（Gustave Klimt）的《莎乐美》（*Salomé*）。

金之门

圣马可区

起点
终点
1
2
3
4
5
6
7
8
9
10
11
12
13
14
15
16
Bacino di San Marco
Grand Canal
San Zaccaria
Campo San Zaccaria
Riva degli Schiavoni
Ponte dei Sospiri
Rio di Palazzo della Paglia
S. Teodoro
Basilica di San Macro
Palazzo Ducale
Colonne di piazzetta
Piazzetta San Marco
Campanile
Libreria Marciana
Torre dell'Orologio
Piazza San Macro
Museo Correr
Giardini Ex Reali
Bateaux Alilaguna pour l'aéroport
Gondole (Paglia)
Marzaria San Zulian
Marzaria dell'Orologio
Casino Venier
S. Zulian
Campo della Guerra
Rio di San Zulian
Fondazione Querini Stampalia
Campo Santa Maria Formosa
Rio di S Maria Formosa
Campo San Lio
Campo San Bartolomeo
Ponte di Rialto
Riva del Ferro
Riva del Carbon
Campo San Salvador
Campo San Luca
SAN MARCO
Pal. Contarini del Bovolo
Teatro Rossini
S. Luca
Uffici Comunali
Pal. Grimani
Pal. Volpi
Pal. Tron
S Benedetto
Campo S Benedetto
Pal. Fortuny
Rio Terà della Mandola
Oratorio dell'Annunciata
Campo S. Angelo
Santo Stefano
Campo Santo Stefano
Pal. Morosini
Pal. Pisani
Pal. Barbaro
Pal. Cavalli
S. Vidal
Campo San Vidal
Ponte dell'Accademia
Pal. Grassi
S. Samuele
Pal. Malipiero
Ca' del Duca
Pal. Mocenigo
Teatro La Fenice
Campo S Fantin
San Fantin
Scuola di San Fantin
Cllo dei Calegheri
S. Maria d. Giglio
Campo Santa Maria del Giglio
Pal. Pisani Gritti
Campo Traghetto
Campo San Maurizio
S. Maurizio
Calle Larga XXII Marzo
Campo S. Moisè
S. Moisè
C Vallaresso
Fond di Farine
Vallaresso
Traghetto (Dogana)
Punta della Dogana
Campo della Salute
Chiesa di Santa Maria della Salute
Collezione Peggy Guggenheim
Gallerie dell'Accademia
Campo della Carità
Accademia
Campo San Vio
Sant'Angelo
Traghetto (San Tomà)
San Tomà
Casa di Goldoni
Campo San Polo
Chiesa di San Polo
Campo S Silvestro
San Silvestro
Traghetto (San Silvestro)
Rialto
Rio dei Frari

起点：水上巴士—站点：圣扎卡里亚教堂站（San Zaccaria）

终点：哈里酒吧

游览须知：这一街区深受游客欢迎，它也在深夜大放异彩，结束了一天游览的参观者们离开了圣马可广场后，魔法仍在继续。

金之门

圣马可区

我们只会惊叹于这里的辉煌。在阳光下灿烂耀眼，在雨中闪闪发光，在雾气中神秘莫测，圣马可大教堂跨越几个世纪，风雨却未曾带走它的半分光芒。过去，它曾与政治权力息息相关，总督选举正是在此举行。在超过五个世纪的时间里，城市的领导者都对教堂进行了扩建，用无数从东方劫掠来的宝藏装饰它。教堂金碧辉煌的风格与覆盖在墙壁、拱门和穹顶的金色马赛克图案相辅相成，这一灵感则是来源于拜占庭的传统。

作为威尼斯的一大象征，圣马可广场是城市跳动的心脏，财富、商业和权力的光芒都由此向别处延伸。钟楼居高临下地俯瞰着广场，广场四周环绕着金碧辉煌的宏伟建筑，比如总督宫或科雷尔宫。今天，圣马可广场依然吸引着大量的游客。狄更斯、普鲁斯特和海明威先于他们来到这里，并经常造访当地历史悠久的大型咖啡馆。大运河沿岸和凤凰歌剧院（欧洲著名的歌剧院之一）附近的豪华大旅馆保留了这些尊贵来宾的记忆。今天，尽管充斥着奢侈品商店和游客，圣马可街区依然保留着许多惊喜。雨果·普拉特不仅喜欢在这里与他的书商朋友、经营画廊的朋友或珠宝商朋友聚会，还喜欢在这里探索一些“秘密基地”，这次的漫步之旅就能带您去重新发现这些地方。

❶ 圣扎卡里亚教堂
❷ 本笃会隐修院
❸ 圣戴多禄小教堂
❹ 圣马可大教堂
❺ 小广场圆柱
❻ 总督宫
❼ 韦尼耶赌场
❽ 孔塔里尼宫
❾ 格拉西宫
❿ 公爵宫
⓫ 巴巴罗宫
⓬ 皮萨尼宫
⓭ 圣斯德望
⓮ 百合圣母教堂
⓯ 凤凰歌剧院
⓰ 圣方丹会堂

圣扎卡里亚教堂

我们在老**丹涅利大酒店**（Hotel Danieli）前下船，狄更斯、乔治·桑、巴尔扎克和马赛尔·普鲁斯特都曾在此旅居。普拉特也喜欢躲在格调高雅的酒吧里，酒吧就在酒店豪华的门厅内。走上旁边的那座桥，它正好在维克托·埃曼纽尔二世的雕像前，他将自己的佩剑指向天空，威尼斯人说他是“用铁扦子刺穿鸽子的人”。让我们左转来到一个小通道里，穿过这条通道我们就可以来到漂亮的**圣扎卡里亚教堂**（Chiesa di San Zaccaria）❶。它的历史可以追溯到15世纪，这里最早的建筑建造于9世纪，并在10世纪至11世纪间经历了多次整修。我们现在所看到的教堂是建筑师安东尼奥·干布洛（Antonio Gambello）的作品，最终由毛罗·科杜齐收尾完工。因此，这座教堂呈现了一种哥特风格与文艺复兴风格混搭的迷人魅力。

这座教堂存放的诸多文物珍宝中，就有圣扎卡里亚和圣撒加利亚的圣骨。10世纪和11世纪的古老地下室极为有趣，它就在圣塔拉席欧礼拜堂（San Tarasio）下面。过去，这个地下室曾与毗邻的修道院相通（如果想要去参观这座修道院，必须得到圣器管理人的允许）。您将在教堂左边看到一面装饰精美的乔瓦尼·贝利尼（Giovanni Bellini）的祭坛屏风。让我们将教堂留在身后，继续我们的行程吧！

叹息桥和圣戴多禄堂

过了带顶通道之后，继续直走到圣普罗沃洛桥（Ponte San Provolo），过桥后，就在左手边，您将看到瑞薇塔小吃店（Rivetta），这是普拉特很喜欢的一个歇脚地。

穿过圣斐理伯与圣雅各伯广场（Campo Santi Filippo e Giacomo），广场右边有一家特别棒的阿吉格塔酒吧（Acciughetta）；左侧的两家商铺中间，伸出一条通向罗萨里奥胡同（Corte del Rosario）的小巷。一条14世纪的怪龙就藏在这里的一角——一

罗萨里奥胡同（圣扎卡里亚）的14世纪龙形浮雕，如同在两重象征意义间摇摆不定的天平梁，浮雕中部的双层圆环将这个动物分成了两半：一边是龙，另一边则是蛇。

扇门的上面。

让我们继续朝着威尼斯最古老的建筑前进。经过圣阿波罗尼亚窄巷（Rugheta Santa Apollonia）之后，左转来到同名的河堤。通过对面的门廊，由此进入了一座颇具吸引力的 12 世纪**本笃会隐修院** ❷，这可是这座城市中独一无二的典型罗马风格建筑。大理石的建筑碎片沿着墙壁分段排列。科多喜欢回到这个地方，在这里只能听到远处的喧嚣声。

这件保存完好的艺术杰作只有一个围在井边的无用栅栏损坏了。我们暂且将它留在身后，重新回到河岸，然后一起来到卡诺尼卡（Canonica）桥上。可以看到，**叹息桥**（Ponte dei Sospiri）就在我们左手边，这是一座著名的河上通道，横跨在总督宫和威尼斯共和国监狱之间。

先别下桥，让我们通过左边的门廊，一起去探索另一个只有威尼斯人知道的秘密地点：**圣戴多禄小教堂**（San Teodoro）❸（15 世纪）。这是天主教宗教裁判所的所在地。曾经，教堂整个外观被壁画所覆盖。圣马可教堂（11 世纪）半圆形后殿的陶器，以及一系列砌在厚厚挡土墙上的建筑元素蔚为壮观。这些在修复教堂工程期间被人们发掘，它们都是那个时代的产物，杂糅了 11 世纪至 18 世纪间的多种风格，并形成了一个极具装饰性的巨幅杂烩。继续沿着卡诺尼卡街向前，走进一条小巷，这条小巷通往圣马可大教堂前的狮子小广场。这里有一家供应啤酒的雷昂西尼便餐馆（Ai Leoncini），20 世纪 20 年代时，这里

叹息桥

就是法西斯主义者集会的地方。

圣马可大教堂

圣马可大教堂（Basilica di San Macro）❹ 通体覆盖着金色的马赛克，它的金色光芒笼罩着我们，这也使得教堂无论从哪个角度看都显得宏伟辉煌。这座教堂有一条令人赞叹不绝的铺砌路面、一扇灿烂辉煌的金色祭坛屏风、一套贵重的圣物，还有需要您驻足并回想历史的宝藏和地下室。828年，圣马可的遗体由两位商人——马拉莫科的布诺（Buono）和托切罗岛的鲁斯蒂科（Rustico）——从亚历山大港带了回来；1094年，它被安放在地下墓穴中。从修道院窃取尸体后，为了逃避穆斯林方面的检查，他们将圣马可的遗骸藏在了装有猪肉的箱子里。一块神奇的祖母绿，就是所谓的“所罗门的锁骨”（见后页），上面雕刻着神秘的铭文，这被视为是寻找所罗门和萨巴女王宝藏的方法（它被掩藏在圣马可的遗骸下带回来）。904年，巴勒莫的沙特·鲁库拉（Saud Khalula）强占了这块珍贵的祖母绿。据说，他把它藏在了菜园圣母堂和圣马尔齐亚莱教堂（Chiesa di San Marziale）其中一个地方。

让我们在这座令人惊叹的教堂门廊内稍作停留，一起抬起头欣赏这古典的马赛克艺术，这是来源于《旧约》的真正“连环画”。芬兰研究学者蒂卡宁（Tikkanen）称，它们是5世纪或6世纪的早期基督教细密画的复刻品，这些细密画是科顿（Cotton）《圣经》本中的插图，现在被收藏在大英博物馆中。它们同样证明了12世纪时，随着对君士坦丁堡的征服，基督教的早期复兴影响了威尼斯艺术。这些马赛克描绘着《创世纪》的情节：亚当和夏娃的创造、该隐和亚伯的故事、诺亚和洪水的故事、巴别塔的建造、亚伯拉罕和约瑟的故事。大教堂的最初装潢就呈现在我们眼前。通过

所罗门的锁骨

耶和华的名字分成了 72 个解释性的名词或信息。神学家们所谓的“所罗门的锁骨”便是使用这些名词，并在其中寻找宇宙科学的密钥。炼金术士使用这块“锁骨”（书面意思是“小钥匙”）来召唤神灵，与他们交谈，并使自己遵循一切自然法则的力量。由于所罗门王本人的授意，这段经文汇集了这些箴言和五角星符。后来，在拜占庭时代（13 世纪），罗马教皇洪诺留三世（Pope Honorius Ⅲ）重新编撰了文本内容，如同利奥三世（Léon Ⅲ）和约翰二十二世（Jean XXⅡ）一样，这位教皇也曾被怀疑使用了巫术。每个信徒都必须亲自手抄这些信条，在几座欧洲大教堂里，我们还能找到著有此题目的手稿呢！

一段陡峭的楼梯可以登上**骑士凉廊**（Loggatta dei Cavalli）。四匹高大的骏马从修复之日起就被保留在教堂内（那些出现在建筑物外的骏马则是复制品）。这种通体镀金的四马两轮战车来自君士坦丁堡，第四次十字军东征时期（1204 年），总督恩里科·丹多洛（Enrico Dandolo）从那里夺来了这件珍贵的战利品。

圣马可大教堂保留着大量来自拜占庭的元素，这就赋予了整个建筑一种东方神韵，这是之后的种种修复和改造所不能抹去的。此外，威尼斯的这座大教堂和伊斯坦布尔的圣索菲亚大教堂相比，显而易见二者之间具有相似性。

教堂外第二道大门圆柱上雕刻着15 世纪的帆船，这曾是科多特别喜欢的图案，可惜已经消失不见了。同样，由于栅栏的遮盖，我们也不可能看到中殿左侧那座小祭坛上隐藏在红色大理石纹理中的小魔鬼。

圣马可广场

圣马可大教堂带我们回溯了时光。离开这里后，您可以登上**钟楼**（Campanile），这里能为您提供一个总览全景的绝佳视角，在天朗气清的日子，如果不用等太久的话，您可以在高处欣赏威尼斯的美景（广场对面的圣乔治岛上，教堂钟楼上的视野更加迷人）。1902 年 7 月 14 日上午 10 点，最初的那一座钟楼轰然倒塌，之后修建了现在这座钟楼。不过，普拉

特对此却并不满意。他认为重建后的钟楼比从前的那座要笨重得多，特别是这座新钟楼还阻挡了他欣赏卡尔门（Porta della Carta）的最佳视线。卡尔门即是从圣马可广场出发到总督宫的入口，它因建在天主教威尼斯宗主教区而受益，普拉特曾从这个角度画了一张草图。

这座**广场**歌颂了威尼斯共和国时期的辉煌。它是权力的中心，总督宫、钟楼、两根圆柱、马尔恰纳图书馆、钟楼凉廊、新老行政长官府邸皆建于此。除了铺砌路面和一些整修——比如1807年时，为了在大教堂对面建造拿破仑翼，拿破仑下令拆除圣杰米尼亚诺小教堂（Chiesa di San Geminiano）——您现在所见的一切，自15世纪末以来几乎没有改变。而死刑则是在两根象征着权力的**小广场圆柱** ❺ 之间执行。这些圆柱的历史十分有趣，它们在12世纪时从东方被带回威尼斯，起初共有三根，人们在岸边将其卸下来时，其中的一根柱子滚进了潟湖里，再也找不回来了。另外两根便被遗弃在那儿，直到里亚托第一座桥的建造者，一个叫尼科洛·巴瑞蒂尔（Nicolò Barattieri）的人将它们派上用场，这才解决了问题。作为交换，巴瑞蒂尔得到许可，可以在这两根圆柱间组织一些凭运气的赌博活动，这在城中的其余地方是被禁止的。

总督宫

总督宫（Palazzo Ducale）❻ 值得用一整章的内容来单独介绍。为了让您对这个贵族社会的权力运作多一些了解，我们建议您游览一次“秘密路线”。您将看到行刑室、博斯的油画、卡萨诺瓦逃出的威尼斯国家监狱（Plombs），还有支撑威尼斯大议会议事厅横梁的奇特构造，它长达 54 米，是我们已经在“海之门”一章中谈论过的威尼斯工匠们（arsenalotti）建造的。

在科雷尔博物馆、圣马可图书馆、考古博物馆等地，有大量优质的令人激动的藏品，请您先安心地将它们暂时放在一边，一会儿再回到这个地方。

大教堂街区

科多·马第斯喜欢来到**马尔恰纳图书馆**（Libreria Marciana），每天清晨，他都会沉浸在对这迷宫的探索中。在这些珍本里，我们找到了凸版印刷的代表作：多明我会修士弗朗切斯科·科隆纳（Francesco Colonna）所著的《寻爱绮梦》（*Hypnerotomachia Polyphili*）。这个“梦中的爱情战役”，用一种混杂着拉丁语和意大利语的风雅而考究的语言写成，阿杜思·曼尼修斯（Aldus Manutius）在 15 世纪末印刷了这部作品。

大教堂街区需要大量的介绍和冗长的描述，但我们仍要保持我们最初的标准，跟随着科多·马第斯那些不寻常的选择，而非一再强调其他指南已经做出的关于这一地区的完美介绍。

继续我们的旅程，现在向着一个并非人尽皆知又有点儿无聊的地方进发，这便是**首席行政长官韦尼耶的私人会客厅**（Ridotto della Procuratessa Venier）。这是一间 18 世纪的豪华沙龙，集游戏和娱乐为一体。最近，法国重新炮制了这一会客厅，并将它设在法盟。现在，它就在埃克廊道（Sottoportego delle Acque）上面。

现在让我们从**时钟塔楼**（Torre dell'Orologio）下穿过，踏上右边第一条街——圣马可大街（Calle Larga S. Marco），在第二个路口左转，顺着斯贝奇埃利大街（Calle dei Specchieri）前行。沿着这条街走下去，直到圣朱利安大街（Piscina San Zulian），从这条街左侧延伸出一条通向**卢卡泰洛胡同**（Corte Lucatello）的廊道——卢卡泰洛第一廊道（Sottoportico Primo Lucatello）。卢卡泰洛胡同里是一座小小的院落，院子中间的石井栏和外部楼梯让人不禁追忆起了往昔时光。在通道尽头，我们来到了巴瑞特里（Bareteri）桥，它就在位于门廊上方二层的韦尼耶赌场前。诗人欧金尼奥·杰内罗（Eugenio Genero）的足医工作坊就在对面。顺带提一下，他也是雨果·普拉特的祖父。

我们能够欣赏到的这尊斑岩雕塑是 6 世纪时的埃及艺术品。它矗立在卡尔门的拐角处，代表着四分省的总督。传说中它代表了四个密谋窃取圣马可宝藏的撒拉逊人；实际上，它与四位皇帝有关：戴克里先、马西米安、伽列里乌斯和康斯坦提乌斯一世。

威尼斯的咖啡馆

弗洛里安咖啡馆（Caffè Florian，又称花神咖啡馆）曾是水手最喜欢的一个约会地点，而在美丽又阳光灿烂的清晨，他们当然也不会拒绝对面两个咖啡馆的露台——夸德里咖啡馆（Caffè Quadri）和拉维纳咖啡馆（Caffè Lavena）。

夸德里咖啡馆出现在18世纪上半叶，它的特色是制作土耳其咖啡，也因此聚集了大批土耳其顾客。在被奥地利占领期间，奥地利的政府工作人员也经常前往此处。

拉维纳咖啡馆曾是音乐家（理查德·瓦格纳在威尼斯长期旅居的时候，就曾是这家咖啡馆的常客）、知识分子和上流社会人士最青睐的聚会场所：加布里埃莱·邓南遮（Gabriele D'Annunzio），或是著名的侯爵夫人路易莎·卡萨提（Luisa Casati），后者牵着一头非洲豹穿过广场，十分放荡不羁。贡多拉船夫，还有提灯笼的人（他们负责在夜间将客人送回寓所）通常都等候在拉维纳咖啡馆门前。公共照明设施在1732年才出现。

弗洛里安咖啡馆建于1720年。起初，咖啡馆的主人弗洛里亚诺·弗兰切斯科尼（Floriano Francesconi）为它取了一个有着特别含义的名字——“为了威尼斯的胜利”。后来，他的侄子瓦伦蒂诺（Valentino）继承了这一产业，并沿用了这个名字。弗兰切斯科尼还是雕塑家卡诺瓦（Canova）最要好的朋友，他曾经把卡诺瓦安顿在自己在圣加洛（San Gallo）的一间公寓中。关于这一点，我们要讲一个饶有趣味的逸闻：弗兰切斯科尼患上了严重的痛风，卡诺瓦便依照他的腿型为他制作了一件模型，用以充当一件调节工具，一方面帮助病人行走，另一方面，也减轻了负责为弗兰切斯科尼制作特殊鞋子的鞋匠的工作压力。

这使我们不禁暗自思忖，波萨尼奥（Possagno）的大师这件不出名的作品究竟去了何处。也许，它正躺在一堆旧物中间，无人知晓，被人遗忘，只是默默等待着一位伯乐让它重见天日，并对它发出阵阵赞叹声。

弗洛里安咖啡馆见证了《威尼斯日报》（*Gazzetta Veneta*）的诞生，伯爵加斯帕罗·戈齐（Gasparo Gozzi）在那里设立了报纸的编辑部和发行机构。必须要说明一点，当时他是这份报纸唯一的撰稿人！他的同胞弟弟卡洛·戈齐（Carlo Gozzi）身材瘦削，总是一副忧郁而尖锐的脾性，他是美术协会（Accademia dei Granelleschi）的支柱之一——这个协会总是猛烈抨击文学习俗上的一些糟糕审美。

卡洛·戈齐将卡洛·哥尔多尼当作嘲笑的对象，称其为"资本家"。他本人则是《戏剧寓言》《三个橙子的爱情》《乌鸦》《鹿王》和《图兰朵》的作者。在他的作品中，现实与虚构、想象常常结合在一起。

咖啡，这种使人提神的饮品是从一种叫作"kahvé"的种子中提取出来的。饮咖啡的风尚最早开始于君士坦丁堡，并在 17 世纪末左右传入威尼斯。1683 年，威尼斯第一家咖啡商店就开在广场上的行政官员大楼脚下。这种口感苦涩的饮料很快就被当地市民和外国人所接受和喜爱，因为 1700 年时我们能在拱廊下数出至少 34 家提供这一冲泡饮品的商店。而不久之后，它已然成为教堂最喜欢的一种饮料，其中还加入了新的食物——巧克力。

韦尼耶赌场

韦尼耶赌场（Casino Venier）7 是 18 世纪私人会所的珍贵证明。贵族们在此欢乐地集会，赌博游戏是这里的主角。据统计，仅 1797 年就有 136 种赌博活动，这种风气在当时达到了高潮。为了迎合当时人们的喜好，各种赌博游戏被发明出来，经常是丈夫们喜欢这类赌博游戏，而他们的配偶则钟爱另一种。对赌博的热爱将社会的各个阶层召集在了一处，并且，在这里没有任何障碍阻碍赌博活动的进行，赌博业也因此在这里找到了一片利于发展的土壤。每个人都有着自己的赌注和对风险的评估标准，于是赌客的群体逐渐扩大。人们在威尼斯的任何角落都能开赌，在私人住宅、赌场、酒庄、客栈、小咖啡馆、商店、理发店或妓院的后堂里……在威尼斯广场上的每一个偏僻的角落里、桥下、大街上，甚至是教堂的挡雨披檐下——由于教士和神甫形成了某种默契，人们可以针对一切事物打赌。因此，数十种赌博形式得以流传开来：皮克牌、比利比、兰斯克内特纸牌、卡西门、伯齐克纸牌、转盘游戏、摩讷格拉、卡姆佛、希腊坎肩、三－七点、影子游戏、西洋双六棋、被法老牌取代的五人庄……事实上里多特（Ridotto）是欧洲第一家官方赌博会所，在它最鼎盛的时代里，那些希望获利的赌客们在赌场里狂热地进行着上述的赌博游戏。后来它开始衰落。威尼斯共和国在数个世纪禁赌无果后，便试图从这种点燃全城的赌博热情中谋得利益。1522 年，政府批准彩票赌博活动，1638 年在圣马可广场旁的瓦莱索大街（Calle Vallaresso）上又开设了一家赌场。持续六个月的狂欢节期

当灿烂的阳光散
落在
你的屋顶上，
我的威尼斯
请让我对你倾诉，
这样的景色可让
你欢喜？
你就像一个无忧
无虑的姑娘。
而当你在
银白色月光的轻
吻中
安然睡去，
在这沉默混沌的
日子里，
你是爱的诗歌和
梦想。
在迷雾中，
你宛如一个
努力隐藏自己魅
力的少女，
试图将一切
都隐藏在忧郁的
面纱之后。
反之，
若天降大雨，
你就仿佛一位
为爱争吵的动人
女子，
因流泪而微微颤
抖。
作者：欧金尼
奥·杰内罗

间，在宫殿的指定区域内，一系列规则支配着这些已经获批的赌博活动。而这些赌博的人必须戴一张面具，只有一位戴着假发、穿着黑色长袍的贵族不需要戴面具，并可以成为赌局的庄家。我们不难想象出贵族、掮客、妓女、使节、高利贷者……形形色色的人围坐在桌子旁。在欧洲，威尼斯和本土的狂欢节即意味着赌博、娱乐，甚至是欺诈。也正因为这个原因，贵族、冒险家和造假者组成了这个鱼龙混杂的旅行团，威尼斯便是他们最喜欢的目的地。每个夜晚，财富都在转手易主。

1774 年，在教导人们戒赌的浪潮下，威尼斯共和国关闭了这一机构，于是，由面具商人和旅馆老板发起的抗议活动四处可见。人们无法阻止这蔓延开来的赌博热情，却可以将它局限在如雨后春笋般不断增加的私人赌场内。

一些名人，如洛伦佐·达·庞特（Lorenzo da Ponte）或卡萨诺瓦通常在此聚会。后者在《我的一生》中详细地描述了这些地方以及自己最爱的赌博游戏“法老牌”。

启蒙时代的哲学家，如神甫贾马里亚·奥特斯（Giammaria Ortes）和经济学家切萨雷·贝卡里亚（Cesare Beccaria），也同样分析过，在“法老牌”或“五人庄”的赌局中，庄家和赌客各自的胜算概率。

然而，就像施过魔法一样，对于赌博的热情最终因赌徒兴趣的转变而烟消云散，“法老牌”的玩法也迁移到了美国，并在那里被重新命名为“法奥”（faro）。

我们刚刚参观过的那间富丽堂皇

的韦尼耶私人会客厅（Ridotto Venier）还完好地保存着 18 世纪的风韵。这三间大厅中，其中一间拐角处的衣橱里面隐藏着一条密道，人们可以悄无声息地从这里离开，而不用再次经过入口。除了这条被关闭的密道之外，其他皆与旧时无异。我们还能看到一个藏在方砖下面的小猫眼，它可以用来观察门廊，并核查游客的身份信息。除了那三间大厅，这里还曾有过一间小沙龙，以及一间连接着传菜窗口的厨房。传菜口藏在拐角的一个壁橱内，为的是将主人和佣人分隔开来。

通过科罗纳廊道（Sottoportico delle Colonne），在院子里，执政官丹多洛（Dandolo）的赌馆也是卡萨诺瓦的主要寓所之一。

藏在美切丽街区的宝藏

让我们离开这间 18 世纪的雅致小屋，经由巴瑞特里桥（Ponte dei Bareteri）返回圣马可广场。

在美切丽街区（Mercerie）的这块区域，我们经过了雨果·普拉特儿时伙伴——吉尔贝托·法比亚诺（Gilberto Fabiano，雨果·普拉特作品中的麦克·普拉特船长的手下之一，这群人都以普拉特儿时伙伴的名字命名）的珠宝店。这位店主既是那些动人记忆的珍贵见证人，也是普拉特最初的印第安人画册的重要保管者。这本画册每页纸都是双面印画，因为当时纸张是很稀有的物品。

让我们继续游览美切丽街区，过去“人们可以在这里找到一切所需的物品，只需动嘴问问它的价格即可”。

接下来直接右转，登上弗瑞里（Ferali）桥，再走几步就能看到阿米尼廊道（Sottoportico degli Armeni）。这里藏着一份 17 世纪的宝藏：一扇深色大门上有两个十字架和亚美尼亚铭文，预示着此处隐藏了一座精致的教堂——**亚美尼亚圣十字教堂**（Chiesa di Santa Croce degli Armeni）。教堂前廊有一小片公墓，教堂内的穹顶则是一片奇幻的星空。教堂大门很少打开，最保险的进入方式就是参加每周日早上 11 点 15 分的以亚美尼亚礼仪举行的弥撒活动。我们必须等到弥撒结束后，才能参观这处隐蔽在城中的美景。

经由科罗纳河道（Rio Terà delle Colonne）离开此处，向左一直走到法布芮大街（Calle dei Fabbri）的十字路口，然后转向时装店一隅，继续向右前行：在这条小巷，我们可以清楚地看见亚美尼亚教堂的小钟楼。巷子尽头就是格瑞高利纳胡同（Corte Gregolina）。这里有一座 15 世纪的石井栏，它的外形奇特，就像一只巨大的柳条筐。

位于格瑞高利纳胡同的 15 世纪的石井栏

再往回走，过了十字路口后，能看到 13 世纪的漂亮奠酒器被固定在右面的墙上。其中一只奠酒器着实有些奇怪，上面刻着一位抱着一条鱼的美人鱼。她有着鸟的爪子，头顶上则长着天鹅的尾巴。

向马尔泰塞胡同进发

沿着法布芮大街继续我们的行程，直至右边的第一条街——圣加洛大街（Calle S. Gallo）。在右边稍作停留，然后一起走过横跨奥尔塞奥洛运河（Rio Orseolo）的特隆（Tron）桥。在这条运河深处的奥尔塞奥洛湾（Bacino Orseolo）是一个停靠贡多拉的小港口，我们在《威尼斯传奇》中知道了这个地方。左边的一块牌子指明了咖啡店老板弗兰切斯科尼的寓所，他亦是雕塑家卡诺瓦的房东，卡诺瓦最后也在这间屋子逝世。

让我们沿着当前道路继续直行，直至弓箭街（Calle dei Barcaroli Frezzeria）。在英国药房（1676 号）的楼上，一位穿着呢绒大衣的批发商曾经留宿了拜伦勋爵（Lord Byron），后者与一位美丽的女子有了一段纠缠不清的恋爱关系，而她却是一位纯朴的作坊主的妻子。战争过后，那些轻佻的女人们，说实话是有些成熟的女人们，在这条街上卖弄着自己的风韵。

右转，然后向左来到富塞里小巷（Ramo del Fuseri），靠右前行。过桥后直行，左边第一个路口通向科博胡同的分岔路口（Ramo di Corte Coppo），穿过这条小径后向右，即到达维达大街，或称洛坎得大街（Calle de la Vide o delle Locande）。我们也可以直行，从左边第二个路口来到维达大街。它通向马尔泰塞胡同（Corte del

亚美尼亚圣十字教堂的徽章

圣安德烈庭院（Corte San Andrea）

Maltese），现如今被称作“蜗牛胡同”（Corte Contarini del Bovolo）。

从宫殿到宫殿

19世纪初期，**孔塔里尼宫**（Palazzo Contarini）❽被阿诺尔多·马赛（Arnoldo Marseille）租用给他人；他以“马第斯”（Il Maltese）的招牌在那儿开了一家客栈。除了店名听起来十分讨喜和悦耳，我们此番到访此处，还有另一个原因：探索隐藏在小院中的豪华螺旋梯。**蜗牛旋梯**（Bovolo）具有15世纪末期文艺复兴时代的特点，还有一番拜占庭风格的独特烙印。在楼梯脚下，一座小花园内还有一些陈设和几座石井栏，其中一座石井栏具有11世纪时典型的威尼托－拜占庭风格。

1356年，马尔科·米诺托修士（Fra Marco Minotto，他的徽章就在旁边）和罗多非卡·达·庞特（Lodovica da Ponte）都崇拜着圣安德烈。以前，它就被供奉在切尔托萨岛上的圣安德烈修道院内。下面有一行铭文：“1356年6月，丽都岛的圣安德烈修道院院长——马尔科·米诺托修士，由艾历克斯·达·庞特（Alixe Da Ponte）任命，他是上述修道院的所有者。”

让我们往回走，然后向左前行至曼宁广场（Campo Manin），在这里发生了一件威尼斯城的现代恐怖事件——银行抢劫案。

绕到这座笨重的建筑物右侧，然后穿过广场，朝着埃莱克塔美术书店（Electa）和维塔酒吧（Vitae）进发，后者在20世纪70年代颇负盛名，当时它曾叫“切宾”（Au Chérubin）。

然后来到教堂的小广场和卡瓦里大街（Calle Cavalli），街上有一家神奇的沃尔托红酒吧（Al Volto），无所事事的威尼斯人在这里聚会。在罗西尼剧院的剧目开场前或散场后，普拉特喜欢在这里品尝醇美的本地葡萄酒。酒吧的老代理商卡尔本收藏了千余瓶葡萄酒，它们品相各异，全都经过精心的挑选，几乎全部都被原封不动地保存着。对于所有崇敬酒神巴克斯的威尼斯人而言，这一葡萄酒圣地一直都是他们心口的朱砂痣。

经由沃尔托（Volto）通道再次出发，在巷道深处左转，继而右转来到码头，码头后就是**老罗西尼剧院**（ex–Teatro Rossini），旁边是**圣卢卡教堂**（Chiesa San Luca），彼得罗·阿雷蒂诺（Pietro Aretino）在度过了他那灿烂的一生后，就被安葬在了这里。在凤凰歌剧院建成之前，罗西尼剧院曾是城中最大的剧院。现在就让我们一起通过剧院对面的石桥，过桥后向右走，一直来到圣安德烈庭院。庭院内有着大理石台面，古朴的路面由陶土铺砌，还有一口古井，在井口正中的位置生长着一棵月桂树。继续前行，直至剧院大道（Salizzada del Teatro），右边通向圣本笃广场（Campo San Benedetto），15世纪的**佛图尼宫**（Palazzo Fortuny）就坐落于此。佛图尼宫是佩萨罗过去的宫邸，那是在他住进大运河旁那座金碧辉煌的宫殿前的事了。这座宫殿包括了奥尔费伊学院（Orfei）和阿波罗宫（Apollinea），人们可以在此学习音乐。

富丽堂皇的佛图尼宫自然有着与之相配的漂亮扶梯，走下楼梯，右转继而左转来到曼陀拉街（Rio Terà della Mandola），顺着这条街往下走，直至十字路口，我们就必须要再次向右前行。

刺客街（Calle dei Assassini）的得名源于早上人们常在这里看见一些可怜人的尸体——他们就是在黑暗的夜色中被杀害的。

佛图尼宫的顶楼视野绝佳，人们可以在这里一览威尼斯全景。

玛利亚诺·福尔图尼·马德拉索
（Mariano Fortuny y Madrazo，1871—1949 年）

这位沉迷于瓦格纳美学的艺术怪才将他的才能运用到摄影、素描、油画、剧院灯光和时尚领域。他在朱代卡岛上开设了一间印染工作室，在珍贵的丝绒上进行手工印染。他的连衣裙大概受到了古希腊宽松式束腰外衣或阿拉伯风帽长袍的启发，还引发了女性服装业的革命，那时，女性依然受到紧身塑身衣和其他固定器械的束缚。

福尔图尼式的时尚激发了当时最为自由的精神志趣。在他那些最为著名的顾客中，我们发现了伊莎多拉·邓肯（Isadora Duncan）和埃莱奥诺拉·杜塞（Eleonora Duse）的身影。就像邓南遮一样，她们也经常光顾他的宫殿，并在这里与各国艺术家欢聚一堂（普鲁斯特在其作品中多次提及福尔图尼的连衣裙）。

多年以来，这间屋子里举办了许多优秀的临时展出。在灯光下，游走在油画、半成品、剧院模型那些四处散落的各类小摆件中，我们仿佛置身于梦境中。这一切给了我们这样一种印象：房间的主人只是短暂地缺席，或即将从旅行中归来。博物馆的视觉效果将这种非常独特的魔力变得更具理性，但通过光线、帷幔和典型的东方风格的家具的装饰，它的魅力依旧不减当年。

为了阻止暴力行为的发生，并赋予这条最黑暗的街道一丝光明，人们在此设置了一些小的许愿祭坛，用小夜灯为其照明。1128 年的一条法令禁止人们佩戴假胡子，因为这会使人们无法辨认出犯罪分子。一个奇怪的巧合是，在德国占领威尼斯期间，党卫军选择在这条街上设立他们的办事机构。

让我们继续向着圣安吉洛广场（Campo San Angelo）进发，在广场右侧，到达石桥前，有一条蜿蜒的小巷，它的名字好像在发号施令：快去广场上（Calle va in Campo）。站在桥上，对面是**圣斯德望**（Santo Stefano）**老修道院回廊**，在它的门廊上方有一块极美的彩色大理石台面，描绘着主教圣奥古斯丁和正在祈祷的修士。过了弗拉蒂桥（Ponte del Frati）和弗拉蒂街（Calle del Frati）后右转，登上五六级台阶，进入新广场（Campiello Novo，又称亡灵广场，因为这是一座古老的墓地）。在拿破仑到来之前，人们几乎是到处埋葬亡人，甚至连教堂内及其附近的区域都不放过。

再走远些，波特格街（Calle delle Botteghe）就在我们的右手边。一只精致的石靴塑像表明，**德国鞋匠屋**（Casa dei Calzolai Tedeschi，圣撒穆尔片区的著名鞋匠铺）就位于此处。接下来是普拉特的好友之一——英国画家汉弗莱·杰弗里（Humphrey Geoffrey）的艺术画廊。在街巷尽头，左转来到圣撒穆尔大道（Salizzada S. Samuele），我们从莫切尼戈大街（Calle Mocenigo）附近走过，这条街既通往拜伦曾经生活过的**莫切尼戈宫**（Palazzo Mocenigo），又通向伟大的油画家保罗·卡利雅里（Paolo Caliari，又名保罗·韦罗内塞）的故居。整个这一街区，特别是在迈尼盖达街道（Calle della Muneghetta），涌现出了大量的妓院和娼妓。

“圣撒穆尔，小小的街区，大大的妓院，不见石桥，只见愚蠢的笨蛋、戴绿帽子的男人和荒淫的女人……”

在右边稍作停留，然后走入卡罗佐大街（Calle delle Carrozze）。在街道尽头，**格拉西宫**（Palazzo Grassi）❾突然出现在我们眼前。如今，这里收藏了法国人弗朗索瓦·皮诺的现代艺术藏品，并不时以临时主题展的形式呈现。

12 世纪的小钟楼保存完好，原汁原味地呈现在我们眼前，这一切都让人沉醉其中。让我们绕着教堂走一圈，再度踏上马利皮耶罗大道（Salizzada Malipiero），向右来到与之同名的街区，贾科莫·卡萨诺瓦（1725—1798 年）就出生于此。利涅王子认为：“他热爱并觊觎一切的事物，既拥有一切

犍陀罗国的哈达菩萨（Bodhisattva Hadda）
公元 5 世纪
勒·加莱藏品
公爵宫

而又懂得放弃一切。”

继续前行至门廊。在 20 世纪末，我们还能看到对面的**圣撒穆尔剧院**。1655 年，格利马尼家族创建了这家剧院，卡洛·哥尔多尼（Carlo Goldoni）也是在这里献上了自己的个人首秀。

前往圣斯特凡诺广场

让我们右转来到**斯福尔扎公爵大院**（Corte del Duca Sforza）。这位公爵曾打算在那儿建一座雄伟高大的宫殿，继续完成那些由马可·科尔纳罗（Marco Cornaro）开始的工程，科尔纳罗就是塞浦路斯王后的父亲。巴尔托洛梅奥·博恩的规划中包括一间长 55.5 米的大厅，长度更甚于总督宫的大议会大厅。初建遗制只剩大运河边的一根角柱和底层的凸纹，如今那里收藏着有趣的东方艺术藏品。

马里诺·兰尼·莫塞尼戈伯爵（Marino Nani Mocenigo）收藏了 18 世纪的各类瓷器，尤其是咖啡杯、巧克力杯和茶杯，是当之无愧的“瓷杯伯爵”。他过世后，他的遗孀卡泰丽娜·瓦伦丁（Caterina Velluti）重新归置了这些精妙绝伦的瓷杯和一些东方艺术藏品。后者是他的姐夫，卢森堡外交官乌格斯·勒·加莱（Hugues Le Gallais），在旅居远东（特别是在日本）期间得来的宝贝。因此，1962 年，一家小型的开放式博物馆**公爵宫**（Ca' del Duca）⑩由此诞生。从 1513 年到 1514 年，提香在这儿间宽敞的大厅里创作出了许多伟大的画作，这些画皆是为总督宫而作，不幸的是，它们已经被损毁。同样地，韦罗内塞、丁托列托和贝利尼的作品，也在 1574 年到 1577 年间那几场严重火灾中被烧毁。

我们重回剧院街，右转来到廊道下，登上与之相邻的桥，然后直走一直到下一座桥。整个威尼斯最漂亮和最开阔的一座广场——**圣斯德望广场**（Campo S. Stefano）出现在我们眼

我来到威尼斯就是为了和你，还有“威尼斯懒汉们”“做个交易”，而不是为了听这些荒唐话。在我看来，这个年轻的姑娘只喜欢铁石心肠的家伙。

前。现在就是坐在一家咖啡馆——比如宝林咖啡馆（Paolin）里，恣意地沉浸在周围热闹氛围中的时刻了。一座象征着尼科洛·托马塞奥（Nicolò Tommaseo）的纪念碑矗立在广场中央。尼科洛·托马塞奥是一位著名的文学家和爱国人士，人们都深情地称其为“知识宝库”。广场周围是贵族府邸：莫罗西尼故居、洛雷丹故居（现在是威尼托大区科学、文学和艺术研究院所在地）和富丽堂皇的**皮萨尼宫**（Palazzo Pisani）⑫。皮萨尼宫还曾接待过王子和国家元首（这一家族也在斯特拉附近拥有一幢别墅，它以精妙复杂的迷宫而闻名于世）。自 1877 年以来，这座宫殿就成了音乐学院——贝内代托·马尔切洛（Benedetto Marcello，巴洛克音乐作曲家，1686—1739 年）基金会的所在地。在广场深处，您将看到哥特风格的**巴巴罗宫**（Palazzo Barbaro）⑪和古索尼－卡沃利－弗兰凯蒂宫（Palazzo Gussoni–Cavalli–Franchetti）。巴巴罗宫就位于大运河边，美国画家约翰·萨金特（John Sargent）的一位亲戚，丹尼尔·萨金特·库蒂斯（Daniel Sargent Curtis）的遗孀在 19 世纪末买下了这座宫殿。这座宫殿很快成为威尼斯英语社群的中心，它的诸位房客包括英国诗人罗伯特·勃朗宁（Robert Browing，1889 年在雷佐尼可宫去世）、画家克劳德·莫奈（Claude Monet）和作家亨利·詹姆斯（Henry James）。亨利·詹姆斯曾在这里写下了《杰弗里·阿斯彭的遗稿》（*Les Papiers de Jeffrey Aspern*）。

圣斯德望（Santo Stefano）⑬的哥特式教堂，包括附近的圣奥古斯丁修士修道院，皆始建于 13 世纪，并于 1325 年重建，到 15 世纪中叶为止，它历经多次不同程度的改建。船体流线型的建筑构架会使我们想起兵工厂的工匠们那无与伦比的创造能力。此处的艺术成果颇丰，而我们建议您在大祭坛的大理石马赛克上稍作停留。在某个时代，年轻的卡诺瓦在隐修院拥有了自己的工作室，并在此雕刻了《俄耳甫斯》（*Orfeo*）。教堂内上演着优美的古典音乐会。1802 年 2 月 22 日，威尼斯最后一场公牛比赛就在这个广场上举行（一切都和在圣母玛利亚广场和圣保罗广场上一样）。莫罗西尼宫旁边的观礼台轰然倒塌，砸伤了许多人，这一事件最终导致了这一类型表演的终结。

尼科洛·托马塞奥

夜晚，广场上总是热闹非凡，威

尼斯人习惯到这里喝上一杯开胃酒，尤其是著名的斯普利茨酒（Spritz）：一半轻气泡矿泉水，一半葡萄酒，外加一口金巴利酒、精选露酒或是您偏爱的一款苦开胃酒。

圣毛里佐奥广场

继续我们的行程，来到斯佩泽尔街（Calle del Spezier）。右边的一个小院内，纳莱索的店铺播放着古典音乐，他也是普拉特的一位年轻朋友。过了桥就能看到**阿尔巴尼亚会堂**（Scuola degli Albanais）。它的浅浮雕上刻着会堂的三位庇护者：圣毛里佐奥、圣母和圣加洛。他们就如同监视着斯库台城堡的穆罕默德。过去，阿尔巴尼亚人占据着斯基亚沃尼（Schiavoni，阿尔巴尼亚街区）海岸附近的圣斐理伯和圣雅各伯地区，并聚集在圣斯维诺教堂（Chiesa San Severo），直到15世纪末期，他们才获得了威尼斯共和国的允许，得以修建这座会堂。右侧的**贝拉维特宫**（Palazzo Bellavite）有一面朝向广场，这面墙上曾经通体覆盖着韦罗内塞的壁画，但随着时间的流逝，现在这里已经看不到任何壁画痕迹了。诗人乔治·巴福（1649—1768年）曾在此生活。

百合圣母教堂或佐比尼果圣母教堂

穿过圣毛里佐奥广场（Campo San Maurizio）之后，让我们经过扎古里大街（Calle Zaguri），然后过桥来到费勒特利纳小广场（Campiello della Feltrina）。我们可以在这儿找到一家知名商铺——皮泽斯（Piazzesi），这

里有漂亮的手工印刷纸。从前的店主去世了，城中许多同类店铺都为他献花。根据日本的古老技艺，我们可以在这些小作坊里制作有大理石花纹的纸。

过了下一座桥，我们就来到了百合圣母广场，这座广场也被称作佐比尼果圣母广场（Campo Santa Maria del Giglio o Zobenigo），巴洛克风格的**百合圣母教堂**（Chiesa di Santa Maria del Giglio）⓮就矗立在广场上。这座教堂由建筑师朱塞佩·萨尔迪（Giuseppe Sardi）设计，于1678年至1683年间修建，取代了之前的11世纪教堂。眼前的这幢建筑是为巴巴罗家族量身定制的。它的表面就像一块巨大的纪念碑，颂扬这一家族在航海和政治事业上的丰功伟绩。除了这些名人之外，"海军上尉"安东尼奥·巴巴罗的雕像就在上方俯视着教堂正门。我们也能在这里看到雕刻着军舰、战船、甲胄和武器的浅浮雕；下边还有一系列精妙的城市交通图和堡垒平面图：扎拉、坎迪、帕多瓦、罗马、科孚和斯普利特。

教堂内部为我们呈现了不同的艺术作品。在圣器室内，还有鲁本斯（Rubens）的画作《圣家族》。在广场深处，在渡船旁（即为了渡过大运河而聚集在一起的贡多拉），矗立着已经变成酒店的**格瑞提宫**（Palazzo Gritti）。过去，这曾是韦茨拉尔男爵的府邸。英国艺术史学家、《威尼斯的石头》的作者约翰·罗斯金（John Ruskin），也曾在1851年至1852年间旅居于此。

圣方丹广场

让我们背对着大运河，走上百

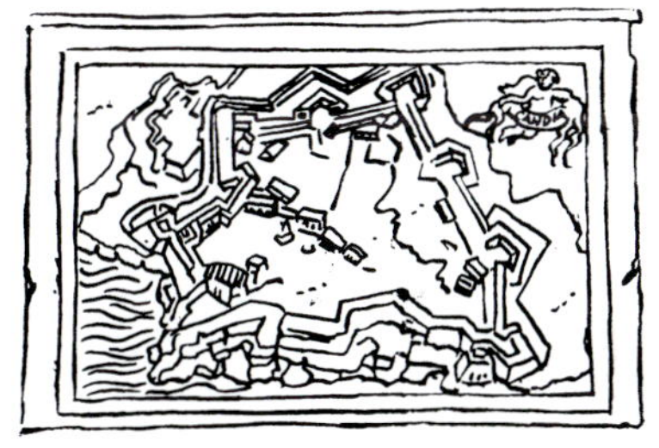

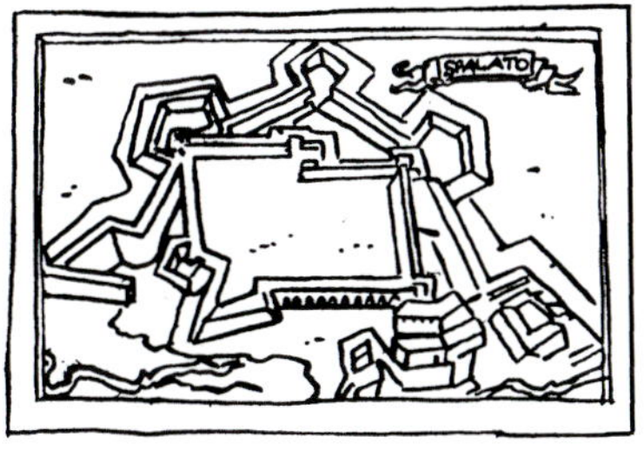

百合圣母教堂表面的浅浮雕。上图是坎迪城，下图是斯普利特城。

旺大街（Calle di Piovan），然后左转来到凤凰歌剧院后的码头上。歌剧院的门为搭载着参观者的贡多拉开放，所有选择这种交通方式的游客都可以从这里入内。一起走过斯多尔多桥（Ponte Storto），这座桥通向漂亮的卡雷卡利小广场（Campiello dei Calegheri）。停在右边，在卡欧多尔塔桥（Ponte Caotorta）前再次右转，沿着小河岸街（Fondamenta）继续前行。在那儿，我们通过克里斯托弗桥（Ponte Cristiforo），这座桥位于多条迷人的运河的交汇处。之后我们将会看到凤凰歌剧院，经过这座剧院才能到达圣方丹广场（Campo San Fantin），传奇的**凤凰歌剧院**（Teatro La Fenice）⑮ 就诞生于此。这是城中最著名的剧院，它曾在1836年12月和1996年1月两次被烧毁，但后来都照原样重新修建了。这是世界上最漂亮的歌剧院之一。在教堂旁边，**圣方丹会堂**（Scuola di San Fantin）⑯ 迎接了正义的圣玛利亚（Santa Maria della Giustizia）和圣哲罗姆的宗教团体。他们救助死囚，在陪伴他们受刑的同时，在精神上鼓励着他们。人们也称其为“安乐死”或“自缢者”会堂。今天，它成为威尼斯文学和科学学院——威尼托学会（Ateneo Veneto）的所在地。在会堂内部，我们看到了帕尔马·乔瓦尼的油画作品；他是提香的学生中最多产的人。他在自己的画室内创作出了数目可观的作品。

最后一个目的地，哈里酒吧

告别广场，来到咖啡街（Calle del Cafetier）。在左侧，通道尽头附近，过去这里是巴普罗舞厅（Papero Dancing），20世纪初，普拉特和他的一群朋友经常光顾此处。右侧的安蒂科·马丁尼咖啡馆（Antico Martini）曾在18世纪下半叶声名远扬，紧邻它的街道和桥梁都用它的名字来命名。维诺·维诺酒吧（Vino Vino）就在它旁边，您可以仔细地研究店内的红酒酒单和祝酒词！

过桥来到服装成衣街（Calle del Sartor da Veste），这条街通向马尔佐大街22号（Calle Larga XXII Marzo，它的历史可以追溯到1848年，奥地利人被驱逐到这里的时候）。在这座由通道和小巷构成的城市中，这条奢华的服装成衣街很快便晋升到了商业大街（Via）的行列当中。此外，它还是许多银行和证券交易所的所在地。科多·马第斯非常喜爱街巷深处右手边的那家雕刻老店。让我们走向左边那座巴洛克风格的圣梅瑟教堂，它与鲍尔·格林瓦尔德酒店（Hotel Bauer Grünwald）形成了鲜明对比。后者是一幢实用风格的高大长方体建筑，拥有一间服务周到的酒吧和一个宽阔的露台，而且露台就在大运河上，这可是欣赏雄伟的安康圣母教堂的绝佳观景台。

将教堂留在身后，来到石子大道上，然后继续向右来到瓦莱索大街。18 世纪时，整个欧洲第一间赌场在此诞生。途中，**月光旅店**（Hotel Luna）突然出现在我们的左手边。14 世纪时它被称作“月亮客栈”，这里过去曾是圣殿骑士团的隐修院，属于耶稣升天教堂的一部分。

在搭乘返程水上巴士之前，这段蜿蜒旅程的最终奖励，就是街道深处的哈里酒吧（Harry's Bar）。

这个地方的名声得归功于它那口感绝佳的鸡尾酒：由一位男侍应生发明的贝利尼酒，又称神奇的干马提尼酒，不掺水，加冰。杜鲁门·卡波特（Truman Capote）称之为“银弹效应”。

大家都知道一杯干马提尼酒是最容易调制的：一杯优质的英国杜松子酒和马提尼酒，必须倒入三脚杯中。根据口味的不同，马提尼酒的含量也各不相同。那些喜欢口感浓烈而醇厚的人需要先倒入一滴马提尼酒，让它从酒杯内壁上滑入杯中，以此“浸润”酒杯；然后将它倒掉，往杯中倒入冰镇好的杜松子酒；接着是海明威式的饮酒临界点，将冰镇的杜松子酒倒入一只冰镇好的酒杯中，放入一瓶马提尼酒，等待几秒后就可以饮用了！这就是一杯真正的“银色子弹”，正好发射进胃里的一颗银色子弹！

朱塞佩·奇普里亚尼（Giuseppe Cipriani）创建了这家酒吧，并创造了奢华与质朴相结合的独特调酒方法。他还是海明威的好友，海明威曾将这个地方写入自己的小说《过河入林》（*Across the River and Into the Trees*）中，还不忘在他写给小朋友的短篇故事《善良的小狮子》（*The Good Lion*）中简单地提到自己的好友：一只从非洲归来的小飞狮来此寻找在圣马可广场圆柱上的父亲，然后又去看望了自己的好朋友奇普里亚尼。

欧内斯特·海明威

贾科莫·卡萨诺瓦

和马可·波罗——这位世界上最出名的威尼斯人一样，因为费里尼导演的佳作《卡萨诺瓦》(*Giacomo Casanova*)，因他那“风流才子”的巨大名声，以及十九卷本的《我的一生》(*Mémoires*)——它记录了18世纪当地习俗和各种不良风气（此处种种也是欧洲其他地方的真实写照），卡萨诺瓦也是威尼斯另一位晓谕世界的人物。

1725年，卡萨诺瓦在威尼斯出生，他的父亲是一位演员。他未能成功地开启教士生涯，而是被当时纵情声色的社会生活所吸引，很早就开始反抗教会规则和严苛的克己主义。一天晚上，在离开一家赌场的时候，他正好救助了一位身患疾病的富翁，这就是元老院议员马泰奥·布拉加丁（Matteo Bragadin）。从这天起，布拉加丁就将其视为自己的儿子。有消息悄悄流传说，有“未来的炼金术士”之称的卡萨诺瓦，答应将永葆青春的秘方告诉这位年迈的立法者。从那时起，他便打扮成一位朝臣的模样，开始周游于欧洲各个宫廷。不过比这个更为人所知的是他的其他名号：他既是不知疲倦的情人、声名远扬的赌客，也是学者、炼金术士和作家。他经常光顾的沙龙数不胜数，在那些地方，他结识了伏尔泰、卢梭、腓特烈二世，以及那些形形色色醉心于秘术的江湖骗子、冒险家和占星家，比如卡廖斯特罗，还有圣日耳曼伯爵（据说他是永生不死的人……）。他们拥有一个共同的基本目标：轻轻松松地谋取钱财。

被威尼斯宗教审判所扣押、审判和监禁后，卡萨诺瓦成功地完成了一次著名越狱——从威尼斯国家监狱出逃。这座监狱位于总督宫内，屋顶上盖着铅板。来到法国之后，他重拾自己冒险般的生活。由于过分随意的生活方式，他输掉了巨额财产，而他却对此并无任何悔意。

数年的时光匆匆而逝，陷入贫困中的卡萨诺瓦最终被允许重回威尼斯。这一次，他在威尼斯对宗教审判所进行了控告。

然而，他却再次被驱逐出境。疲惫而疾病缠身的卡萨诺瓦在波希米亚受到了华伦斯坦伯爵的热情接待，并成为伯爵的图书管理员。除了已经提到过的《我的一生》，他还撰写了一部神怪故事集《依科萨梅龙》（*Icosameron*）。在这部作品中，他描述了自己从威尼斯国家监狱越狱的过程，以及一个关于名人所罗亚斯德（Zoroastre）的悲剧故事。人们新近研究发现，他已经将《伊利亚特》（*Iliade*）翻译成了威尼斯语。

爱之门

圣保罗街区，圣十字街区

起点
终点
1 Fondaco dei Tedeschi
Palazzo dei Camerlenghi
Ponte di Rialto
2 San Giacomo
Pal. Dieci Savi
3 Pal. Albrizzi
Ponte delle Tette
Campiello Albrizzi
4 S. Giacomo dell'Orio
5 Scuola de San Giovanni Evangelista
Giovanni Evangelista
6 S. Maria Gloriosa dei Frari
Campo dei Frari
Archivio di Stato
7 Scuola Grande di San Rocco
S. Rocco
8 Campo S. Pantalon
9 S. Pantalone
10 Campo Santa Margherita
Scuola Grande dei Carmini
Carmini
11 Pal. Zenobio
Ist. Sup d'Arte Applicata
12 S. Nicolò dei Mendicoli
13 San Sebastiano
S. Angelo Raffaele
Pal. Ariani
Stazione Marittima
Banchina di San Basegio
Campo San Basegio
RIALTO
SAN POLO
SANTA CROCE
SAN MARCO
DORSODURO
SANTA MARTA
Île de Rivo Alto
Grand Canal
Ca' d'Oro
Ca' Pesaro
Palazzo Mocenigo
S. Maria Mater Domini
Palazzo Zane
Chiesa di San Polo
Casa di Goldoni
Campo San Polo
Stazione di Santa Lucia (Ferrovia)
Stazione Merci (marchandises)
Ponte di Calatrava
Piazzale Roma
Gare routière
Giardino Papadopoli
Fond Papadopoli
Rio Nuovo
Canale di Santa Chiara
Canale di Santa Maria Maggiore
Campo Santa Maria Maggiore
Rampa San Basilio
Campo di San Andrea
Rio Terà dei Pensieri
Corte Contarini
Fond di Santa Maria Maggiore
Fond della Procuratie
Museo Fortuny
Palazzo Contarini del Bovolo
Teatro La Fenice
La Galleria van der Koelen
Santo Stefano
S. Maurizio
Caterina Tognon Arte
S. Mar di Giglio
S. Moisè
Palazzo Grassi
Ca' Rezzonico
S. Barnaba
Ponte dell'Accademia
Gallerie dell'Accademia
Ognissanti
Campo San Luca
Campo Manin
Campo S Beneto
Campo Santo Stefano
Campo San Vidal
Campo Santa Sofia
Campo della Pescaria
Campo San Cassian
Campo San Salvador
Campo S Gallo
Campiello Sant'Agostin
Campo San Stin
Campo dei Tedeschi
Campo delle Strope
Campo S Tomà
Campo Carmini
Campo San Barnaba
Campo Angelo Raffaele
Strada Nova
Riva del Vin
Riva del Carbon
Lista dei Bari
Fond Barbarigo
Fond d Squero
Fond Gherardini
C Lunga San Barnaba
Fond dei Bari
Fond Lizza
Fond delle Terese

起点：里亚托桥

终点：圣巴斯吉奥广场

游览须知：尽量避免周日游览此路线，届时圣保罗街区的手工艺作坊会关闭；此外，里亚托桥的鱼市在周五和周一均不营业。

爱之门

圣保罗街区，圣十字街区

19 世纪时，在英国画家透纳（Turner）那洋溢着热情的油画作品中，潟湖的风采得以流传千古，威尼斯共和国已经唤起了浪漫的灵魂。在鲁奇诺·维斯康蒂（Luchino Visconti）导演的著名影片《战地佳人》（*Senso*）中，主角们在情感的泥潭中挣扎。然而，当成千上万的游客涌入街巷和河道时，还能在哪儿重拾这份冷静或冲动呢？圣十字街区（Santa Croce）和圣保罗街区（San Paolo）就能为我们提供这样一个机会——在远离大群游客的地方，重新发现一个迷人却不乏生动的威尼斯。这里有被遗忘的街道和隐蔽的庭院，还有大学生的咖啡屋和热闹的广场，这一切都点缀着沿途的道路。还有两件杰作同样为此地增添了浓墨重彩的一笔，它们就是方济各会荣耀圣母教堂和圣洛克大会堂。

漫步之旅也揭开了威尼斯式爱情的另一层面纱，这便是它放纵的一面。过去，狂欢节就是放荡行为和性暧昧的王国，每年它都为这种放纵提供了一片肥沃的土壤。14 世纪时，妓女们一开始被限制在了里亚托桥附近，但她们最喜欢的区域很快延伸至圣保罗街区和乳房桥（Ponte delle Tette）附近——字面意思即“乳房之桥”。18 世纪时，为了成为一座纵情声色的欧洲首府，总督旧城不再经营海上贸易和培养海军力量。这是各类风流宴会盛行的年代，贾科莫·卡萨诺瓦就在此时享誉四海，他正是一个四处追求女性的传奇人物。数十年之后，尽管拜伦也是一位浪漫才子，也曾频繁光顾烟花之地，但相比这个永远多情的威尼斯情圣，他还差得远呢！

1. 里亚托桥
2. 圣贾科莫教堂
3. 阿尔布立奇宫
4. 德奥里奥圣贾科莫教堂
5. 圣乔瓦尼福音大会堂
6. 方济各会荣耀圣母教堂
7. 圣洛克大会堂
8. 雕塑
9. 圣潘塔隆教堂
10. 圣玛格丽塔广场
11. 泽诺比奥宫
12. 圣尼科洛乞丐教堂
13. 圣塞巴斯蒂亚诺教堂

财政大厦的柱头。一位长着翅膀和爪子的女人，脸上一副痛苦的神情。她坐在一个火盆上，盆里的火正在灼烧她的生殖器。传说中，一位女子打了个赌，看是否有人用一座石桥代替木桥。

旁边，另一个柱头上有一个留着卷曲小胡子的土耳其人，他长着“三只”长指甲的爪子，这其实是当地的一个预言。根据这一预言，里亚托街区在“指甲长到了尾巴上”的那一天会拥有一座石桥。

威尼斯共和国的经济中心

里亚托桥（Ponte di Rialto）❶上有着各种各样的摊铺，就让我们在桥上欣赏**大运河**的美景吧。在河左边的位置，可以看到出发地卡尔本河岸（Riva del Carbon）；而在右边，是我们将要前往的美酒河滨（Riva del Vin）。过了桥，德意志货仓就在我们身后。沿着**财政大厦**（Palazzo dei Camerlenghi，或称 Lombardo）继续直走，仔细看一看大厦表面奇怪的柱头，这些柱头表明了大众对在这里建一座石桥的可能性的怀疑。现在是回顾里亚托桥建造过程的时候了：此桥从 1588 年到 1591 年，历时三年完工；它的地基由一万根木桩组成。为了筹集施工必需的 25 万杜卡托，人们甚至求助于抽彩活动。

我们现在正位于**里沃埃托岛**（Rivo Alto），它是威尼斯共和国的经济中心。我们在这里能发现外汇交易所。商人来自各行各业，交易的商品数量令人难以置信：从弗拉芒地区的织物、披肩、服装、丝绸帷幔，到来自东方的香水和香膏，如麝香、檀香、乳香，还有其他一些珍贵的香料，如胡椒（中世纪的“黑黄金”，甚至被作为当时的交易货币使用）、肉豆蔻、丁子香花蕾、生姜、桂皮、良姜、樟脑、藏红花、开罗的鸦片、阿片西丁、食用色素如茜草染料、阿拉伯树胶和在织物上固色的明矾。在拱廊下，金银器商人和珠宝商买下了波斯绿松石、祖母绿、天然水晶和阿富汗天青石、红宝石、蓝宝石、光玉髓、黄玉、钻石……这是他们拥有最多的一些东西。

在所有这些商品中，还需要加上蔬菜、水果、鱼肉和家禽笼。我们很容易想象，每次在市场探险，都是一场极大的感官盛宴：来自全世界最迷人的色彩和香气都在此处集合。这个总是热闹非凡的**市场**，依旧是威尼斯

里亚托桥上的“驼背汉”

在里亚托街区蔬菜市场的货摊中央，我们看见了一根小的斑岩圆柱，这是 1291 年，人们从阿卡古城（Saint-Jean-d'Acre）带回来的。

向上攀登了几级台阶之后，传令官开始宣读判决书或被驱逐出城的公民名单。这些台阶由一尊镶嵌雕塑支撑，这是一件驼背男子的雕塑（由此得到“驼背汉”的绰号）。在中世纪时，小偷们被判处赤身裸体地从圣马可广场跑到里亚托桥，他们要从两列人中穿行而过，而这两列人会用鞭子抽打他们。这根圆柱代表着到达线和惩罚的终点，当他们抵达放置圆柱的高地时，他们必须在抱住“驼背汉”之前，先抱住这根圆柱。16 世纪中叶，人们在这里贴挂讽刺诗和讽刺性短文，以此抨击神职人员和国家公职人员内部道德的腐化和堕落。就像在莫里广场上的安东尼奥·瑞巴先生，“驼背汉”受到了威尼斯人的嘲讽。

人最喜爱的一个地方。游客蜂拥而来，我们在熙熙攘攘的人群中颠簸，在两排货摊之间挤来挤去，双眼却时刻注意着周围的动向。

圣贾科莫教堂及其周边

在财政大厦之后，您将在右侧看到一座教堂，人们常将其视为威尼斯最古老的教堂：**圣贾科莫教堂**（Chiesa di San Giacomo）❷。我们来谈谈它的起源：5 世纪左右，随着里沃埃托岛首批居民的到来，人们首次修建了圣贾科莫教堂。而现在的这幢建筑可以追溯到 11 世纪，教堂之后接连进行了不同程度的修复，修复工程遵照了教堂的原有风貌。一件大挂钟（1410 年）置于教堂表面的哥特式门廊之上，这是那个时代常见的建筑装饰。我们可以在对面的一根圆柱上看到威尼斯共和国的政令，人们给它取了个绰号叫“里亚托的驼背汉”，因为这座雕塑也是用来支撑楼梯的。

“驼背汉”身后是安全大道，从 14 世纪起，海上保险公司就在此安家落户。这座广场的左边个性十足，珠宝大街（Ruga dei Oresi）车水马龙，十分热闹。在返回里亚托桥时，请您踏上右边的第一条廊道，进入**老里亚托凉廊**（Rialto Vecchio），又称**百丽宫**（Parangon）。这里的拱顶上装饰着 16 世纪的精美油画，这些油画近来才被修复过。商铺的仓库和市场的露天货架都设在此。我们可以避开周围纷乱的人群，在一家藏在角落的神圣与世俗小酒吧（Sacro e Profano）里面歇歇脚。

您将在这一街区发现威尼斯的活力，它的花香和咖啡香将您困在了这个充满着节日气氛的地方。在这里，每天早上五点，随着市场开业，一天就这样开始了。这一街区有一家漂亮的折扇商店，每一面折扇都极具特色，折扇图案也各不相同。

在老圣乔瓦尼大街（Ruga Vecchia San Giovanni）的十字路口，当您看到 16 和 17 世纪的奠酒器时——它们是商人团体的象征——就意味着我们来到最受喜爱的多默里（Do Mori）旁边了！

一条长街从老圣乔瓦尼大街分离出来，它是到达大运河边的美酒河滨的必经之路。

半路上，您将看到一家最受威尼斯人喜爱的传统大饭店：马东纳餐厅（Trattoria alla Madonna）。从市场的露天货摊到大运河上的佩斯卡里亚广场（Campo della Pescaria）转了一圈后，在一片向过路人推销当日时鲜蔬果的叫卖声中，请穿过鱼市，尽情地陶醉在色彩和香气中。

雕刻着商人团体的标志的16至17世纪的奠酒器

过了贝卡利亚桥（Ponte dei Beccarie）和卡佩雷街（Calle del Capeler）后，我们现在来到博泰里大街（Calle dei Botteri）。

一条隐蔽的巷子连接着与之平行的一条大街。在这条小巷内，剧院胡同（已关闭）的大门上有一块样子奇特的大理石浅浮雕。这是13至14世纪间的作品，雕刻着一只单峰驼，背上背着一只狗：下面就由您来找出它们藏在哪个寓言故事里了。

回到我们的旅途，左转，大运河就在我们身后。踏上博泰里大街，一直走到头，然后向右穿过卡朗巴纳河道街（Rio Terà delle Carampane），来到与之同名的岔路，左转来到塔莫西街（Calle del Tamossi），右侧的码头上，就是弗拉多拉餐馆（Furatola）那极具代表性的拱门了。

从阿尔布立奇宫到丁托尔大街

现在我们到了城中最窄的一条街道之一——窄巷（Calle Stretta），它正好通向阿尔布立奇小广场（Campiello Albrizzi），17世纪的**阿尔布立奇宫**（Palazzo Albrizzi）❸就坐落在广场上。这座宫殿在接下来的一个世纪得到了进一步的修缮和美化，宫殿内廷得以完好地保存下来，向我们展示出一个18世纪奢华宫殿的幻象。绝妙的三筒壁炉展现了威尼斯建筑的这一神奇的特点——为了装饰屋顶而如此设计壁炉。

让我们先把宫殿留在身后，来到阿尔布立奇大街（Calle Albrizzi），向左前行，返回卡朗巴纳河道街。在这一街区，不愿局限在城堡区（圣马特奥街区的一排房屋）附近的妓院得以重新整合开业。从1360年起，威尼斯共和国就曾尝试将它们集中到这个地方来，并创立了一些规则让它们遵守，但随着时间的流逝，妓院扩散到了城市的不同街区。尤其是此时，共和国不得不抵抗来自国外的某些恶习，于是决定允许妓院的出现，甚至要求妓女们在晚上的时候，在自己的门前或窗前点上一盏灯笼，向男人们展现自己的乳房，以此来刺激威尼斯人衰退的欲望和男子气概。

正因如此，河畔角落里的桥才有了一个奇怪的名字：乳房桥。

13至14世纪的大理石浅浮雕，一只狗趴在一头单峰驼的背上。

威尼斯共和国对某些违背伦常的秽乱行为判以死刑，在圣马可广场的两根圆柱间执行绞刑，好像这种刑罚仍不足以泄愤，将人绞死之后，还要焚烧他的尸体，使其化为灰烬。

在通过这座小桥时，我们在左边看见了一座铁铸的天桥，它将阿尔布立奇宫和过去宫殿对面的一家剧院连接在了一起。来到右边的斯图阿河岸街（Fondamenta de la Stua），左边的一条行人道通向同名的广场。

“Stua”来自德语“Stube”，指的是人们洗浴的公共浴室。人们可以在此处治疗自己的骨痂，或涂上各种各样的软膏。“浴室服务人员（Stueri）”和外科医生一起学习，但其中的许多浴室似乎很快变成了妓院。

为了迎合这些潮流，一个高雅的上流交际圈逐步发展起来，这个圈子里的高级妓女被视为真正的艺妓。

离开了小广场，右行来到布加拉丁宫大街（Calle Ca' Bragadin），然后左转继而向右来到瑞加纳大街（Calle della Regina），再左转，通过圣马特·多米尼桥（Ponte S. M. Mater Domini），这座桥通向与之同名的广场。在《威尼斯传奇》中，这个地方发生过夜间秘密枪战。在一次枪战期间，科多·马第斯从屋顶上掉了下来，恰好落在一个共济会集会场所的正中间。13 世纪时，赞恩家族（Zane）的故居就在左手边的位置，这座房子有一扇漂亮的威尼托–拜占庭风格四联窗。至于那座在桥对面的哥特式小宫殿，它是 15 世纪的产物。现在让我们右转，然后向左沿着教堂前行，穿过克里斯托桥和斯佩泽尔小广场后，左转沿着格鲁街（Fondamenta delle Grue）继续前行。在半路上，您将会看见一条迷人的通道——费拉托尼欧（Filatoio）。过去人们能在这里看到一幅神秘的壁画：一条将自己的尾巴绕成“8”字形的蛇，就是那个“无穷”的符号（∞），蛇下方有一颗七角星，头顶则是一轮新月。在格鲁街尽头左转之前，我们可以看到对面的门上有 13 世纪威尼托–拜占庭风格的壁板，上面有两只孔雀和一只鹰，鹰正在啄着一头全速奔跑的狮子的头。这些孔雀可能被当作了鹤，它们的名字被赋予了这条街道。

继续我们在摩德纳大街（Calle del Modena）的行程。过桥后来到教堂大道（Salizzada della Chiesa），右转进入圣波尔多广场（Campo San Boldo），它的老钟楼已经被斩断，变成了一套住房，这让我们思绪万千。这是紧挨着格利马尼宫的那座老教堂最后的遗迹了。前方，一座桥斜跨在运河的交汇处。

对面是帕鲁什塔河岸街（Fondamenta de la Parucheta），这个名字取自一位商人的奇怪假发。这位商人在这里经营着一家店铺，并制造了这一街区的许多笑料。右转来到丁托尔大街（Calle del Tintor），在这条街的左边，一家美味的比萨饼店（店名：一只鹅，Ae Oche）前，门廊后有一条通向塔利亚彼得拉（Tagliapiera）胡同的小巷。

在砌砖路面的烘托下，在周围植被和花朵的掩映下，这条小巷散发出一种动人的女性魅力。因此，“金嘴巴”（《七海游侠》漫画中的女性角色）在旅居威尼斯期间，自然会选择居住在这里。

让我们回到丁托尔大街吧。

在德奥里奥圣贾科莫教堂周围

现在，我们朝着漂亮的德奥里奥圣贾科莫广场（Campo di San Giacomo dell'Orio）进发，它就在一座老**教堂** ❹ 的半圆形后殿前。这座老教堂始建于 10 世纪；13 世纪时，教堂被再次修缮；16 世纪时，它又经历了多次外部改造。在教堂内部，随处可见帕尔马·乔瓦尼的油画，还有一面漂亮的哥特式船体流线型天花板和一根绿色的爱奥尼亚柱——它来源于某个拜物教的寺庙。在广场左侧，我们可以看到 1671 年所建的医学院旧址。阿纳托米亚大桥（Ponte dell'Anatomia）过去通往阶梯解剖教室，这间教室在 19 世纪时被烧毁。

让我们背对着半圆形后殿，看看左边的宫殿。在您靠近宫殿外部的时候，请注意开着的窗户：它们奇怪地开向广场入口，而非对着教堂。当地居民信奉犹太教，为了避免每天面对着这座亵渎宗教的建筑，他们便想出了这样一个主意。

绕着教堂转一圈，欣赏它那 12 世纪的威尼托－拜占庭风格的钟楼：这里有一个有趣的奠酒器，是献给圣乔治的。教堂前是另一座百旺小广场（Campiello del Piovan）。

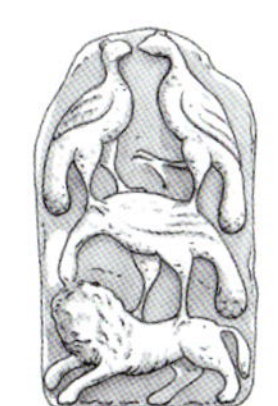

13 世纪的威尼托－拜占庭风格的壁板，上面有两只孔雀和一只鹰，鹰正在啄着一头全速奔跑的狮子的头。

圣乔瓦尼福音大会堂

让我们穿过旁边的萨维欧桥（Ponte del Savio）和萨维欧街，来到

奥塞迪小路（Ramo Orsetti），先向右再向左，踏上加里昂街（Calle Gallion），这条路通向巴里大街（Calle Larga dei Bari，bari 指“荒芜的土地”或“骗子”）。

左转，一直走到克罗齐街道（Calle de la Croce），然后向右来到玛林小运河（Rio Marin）。过了卡佩洛桥（Ponte Cappello）后，来到对面左边的河岸街上，途中有一家名为“波斯塔里”（Ai Postali）的小客栈。

沿着这条魅力十足的街继续前行。向右来到什锦大街（Calle dell'Olio），这里又称咖啡大街（Calle del Cafetier）。在左边，我们会看到卡尔德雷尔（Calderer）的小院子，院子内的路面由陶土铺成，院中有一座石井栏。让我们一直走到右边的小广场：一座雄伟的大门矗立在**圣乔瓦尼福音大会堂**（Scuola Grande di San Giovanni Evangelista）❺的院落前，这座教堂是彼得罗·隆巴尔多的作品。

这个建筑群建于 15 世纪初，在世纪末的时候经历了几次改建，它那扇漂亮的大门是 1481 年时由隆巴尔多设计的，隆巴尔多为这座华丽的哥特式建筑增添了一笔文艺复兴的色彩。这所会堂的起源要追溯到 1261 年。最初，它位于圣阿波里纳圣殿（Basilica di Sant'Apollinare）内，后来又归于圣

献给圣乔治的奠酒器

乔瓦尼教堂，直到在过去的济贫院上修建了这幢建筑。

在会堂内部，我们注意到毛罗·科杜齐（1498年）设计的华丽阶梯，它的两边都有栏杆；而朱塞佩·马萨里（Giuseppe Massari）在1727年将二层改建成了一间客厅。提埃坡罗、丁托列托、贝利尼和帕尔马·乔瓦尼的油画装饰着这座城中最古老的会堂，计算一下其中和西班牙国王菲利普二世一样出名的名人，是这座会堂最引以为豪的事。

让我们重新回到街上，前行至**国家档案馆**前的圣托马大街（Rio Terà S. Tomà）。从9世纪到1796年威尼斯共和国覆灭，期间的所有文件都保存在档案馆里。

让我们继续左转，过了通向弗拉里大道（Fondamenta dei Frari）的圣斯提埃桥（Ponte San Stin）后，再来到弗拉里桥上欣赏在广场上的这座雄伟教堂。

方济各会荣耀圣母教堂

方济各会荣耀圣母教堂（Chiesa di Santa Maria Gloriosa dei Frari）❻ 被亲切地称为**弗拉里教堂**（i Frari）。它始建于1335年，被修建在一座早期的小教堂的遗址上。教堂完工于1429年，并在当地颇负盛名。它与圣乔瓦尼和保罗大教堂一道，是城中最大的哥特式教堂。这两座教堂承担了守护者的角色，它们守护着总督、雇佣兵队长及威尼斯共和国其他杰出人物的遗骸。教堂内部收集了一批艺术杰作，其中有提香的作品《圣母蒙召升天图》、多那太罗（Donatello）的杰出彩色木制作品《施洗者圣约翰》、巴尔托洛梅奥·威瓦里尼（Bartolomeo Vivarini）的三联画屏《圣马可与音乐天使及圣人》……当然也少不了帕尔马·乔瓦尼的作品，在圣器室内，还有乔瓦尼·贝利尼的一幅《圣母圣像》。这些墓碑或纪念碑让我们想起了文艺复兴时期的许多名流：为纪念总督尼科洛·特隆（Nicolò Tron），由安东尼奥·里佐（Antonio Rizzo）设计修建

圣约翰福音大会堂的标志

圣洛克大会堂。它的细节之处就在于一根外围圆柱的下方。

的一尊雄伟纪念碑（1473 年）；圣马可大教堂的著名的唱诗班指挥克劳迪奥·蒙特威尔地（Claudio Monteverdi，宗教音乐的伟大革新者）的墓地；提香的那座其貌不扬的墓穴；还有另一座原先准备留给提香，由卡诺瓦设计的金字塔状墓地。半开的小门不免让人有些牵肠挂肚，它似乎在邀请我们入内。这扇小门保护着一颗雕刻家的心，它就在一只斑岩器皿里。也许是因为科多祖籍西班牙的缘故，最让他着迷的就是一座宏伟的祭坛，以及圣器室内巴洛克风格的玻璃橱窗，橱窗里保存着一套近乎完整的圣骨。在这一珍宝对面，是一面装饰着寓意画的神奇时钟。

圣洛克大会堂的怪面饰

在教堂内殿的中央安置着教友的木制座位（124 个座位），它们上面装饰着令人惊叹的镶嵌工艺品，这就是马可·科齐（Marco Cozzi）的作品（1468 年）。

让我们从右边绕过这座辉煌建筑的半圆形后殿，来到圣洛克街区（San Rocco）。

圣洛克广场

在献给圣人的教堂旁边，突然出现了城中的另一件珍宝——**圣洛克大会堂**（Scuola Grande di San Rocco）❼。

人们敬仰圣洛克，他的遗骸被保存在教堂内，在流行病肆虐期间，特别是在鼠疫期间，人们向他祈求平安。为了表示对他的敬意，每年的 8 月 16 日威尼斯都会举行盛大的活动。

这座会堂是博恩和斯卡尔巴尼诺（Scarpagnino）的作品，始建于 1515 年。丁托列托在会堂内完成了多组油画作品，它代表了丁托列托的艺术巅峰。继续我们的旅程，将细心研究这些杰作的任务留给其他人吧！离开了大会堂，向左踏上卡斯泰尔福尔泰大街（Calle di Castelforte），一直走到同名广场，在这里左转，经过学堂边的人行通道，而后再通过一座小桥。

安卡拉宫小广场：圣潘塔隆，拜占庭国王，12 世纪的希腊大理石雕像。

我们的朋友普拉特很喜欢这个地方，因为在广场前面，运河边的那座房子二楼的窗户前挂着小风车、小风标和其他精妙而小巧的机械，哪怕是最轻的一阵风吹过，它们也能叮叮咚咚地转起来，给行人们带来极大的乐趣。

壮丽的圣潘塔隆教堂天顶

从桥的另一边继续直走，一直到普雷蒂大街（Calle dei Preti），这里又称皮斯特街（Calle del Pistor）。左转，然后向右来到圣潘塔隆大街（Calle San Pantalon）。在大街尽头，让我们来到左边的安兰拉宫小广场（Campiello de Cà Angaran）。在这里有一尊从原产地夺来的**雕塑** ❽，它是威尼斯城中最为奇怪的雕塑之一，雕刻着东罗马帝国皇帝（12 世纪的君士坦丁堡艺术作品）。

华盛顿的敦巴顿藏品中就拥有一个几乎完全相同的雕塑。据专家称，这是安格洛斯王朝的一位皇帝——伊萨克二世（Isaac Ⅱ，1185—1195 年及 1203—1204 年在位）或他的兄弟阿历克塞三世（Alexis Ⅲ，1195—1203 年在位）。

其他人还将时代追溯到 10 世纪，并认为这是智者利奥六世（Léon Ⅵ，或称“哲学家”利奥六世）。

回到路口，右边是**圣潘塔隆教堂**（Chiesa di San Pantalone）❾，它拥有一面蔚为壮观的彩绘天顶，也许这是意大利最大的一幅彩绘天顶。威尼斯画家吉安·安东尼奥·傅米亚尼（Gian Antonio Fumiani）用了 24 年的时间（1680—1704 年），完成了这一幅恢

普雷蒂胡同（Corte dei Preti），13 世纪的石井栏。

宏巨制。1710 年这位画家被埋葬在这座教堂里。

圣玛格丽塔广场

让我们背对着教堂向前走，通过圣玛格丽塔桥来到**圣玛格丽塔广场**（Campo Santa Margherita）❿。这一深受大众喜爱的热闹街区吸引着附近大学的学生们。这和法国的拉丁区有些许相似之处：酒吧、咖啡馆和小餐厅从清晨营业到夜幕低垂，顾客络绎不绝。请您留意右手边那些漂亮的石刻龙形浮雕，它们就在一堆精美的 17 世纪大理石的遗迹之上。这是一座教

堂的钟楼底部，这座教堂已经消失不见了。

左侧有一条通道通向一个小院子。曾经，人们可以在这里看到一间用来住宿和存货的屋子，人们在此处售卖面粉。而在一条封闭的门廊前，一口神奇的水井像君主一样，统治着这里的一切。

物美价廉的蔬菜及鱼类就在广场上售卖，由威尼斯共和国签署的这些牌子上面标出了鱼类的最小尺寸。还有另一块牌子被固定在广场中央的一幢小型建筑上，这幢建筑是皮革商协会（Scuola dei Varoteri）的所在地。过去，这家皮革商协会就坐落在耶稣会广场上。我们还可以在这里看到一尊大理石圣母雕像，圣母是这个协会的守护者。在半路上，您将在右侧看到一家小咖啡馆，名字就叫“咖啡”（Il Caffè）。

在广场的一个平台上小坐，让我们尽情沉浸在欢快的气氛中。抬眼望去，您将会看到其中一座房子有一个突出的屋顶，就像托斯卡纳地区的建筑一般，这在威尼斯是十分罕见的。

这里有各种各样的餐厅。就算是在这个总是死气沉沉的城市中，我们也能在夜晚找到一丝活力，就像在仁爱河畔（Fondamenta della Misericordia）和欧尔梅希尼河岸街（Fondamenta degli Ormesini）一样。

圣玛格丽塔钟楼细节图

我们逐渐远离右边14世纪的漂亮房屋，其中漂亮的福斯科洛－科尔内宫（Palazzo Foscolo–Corner）今天已成为一家小旅馆；随后，自同一边的**卡尔米尼教堂**（Chiesa dei Carmini）那漂亮的14世纪大门旁经过。右边，**卡尔米尼大会堂**（Scuola Grande dei Carmini）的外观由隆盖纳设计，而会堂内还有9幅提埃坡罗的油画。应用高等美术学院就在广场上的修道院内。现在让我们穿过广场，来到疗养院河岸街（Fondamenta del Soccorso）。

从泽诺比奥宫到阿里亚尼宫

走远几步之后，我们可以看到一幢庄严的17世纪巴洛克风格的建筑——**泽诺比奥宫**（Palazzo Zenobio）⑪，它的名字源于一个资助艺术事业的富商家族。风景画家卢卡·卡莱维里斯（Luca Carlevaris，1665年生于乌迪内，1731年卒于威尼斯）在罗马生活时，曾深受画家万维泰利（Vanvitelli）的影响，在搬离罗马之后，他成了这座宫殿的主人。他似乎将暗室的使用方法教给了卡纳莱托（Canaletto），后者随后在艺术成就上超过了他的老师卡莱维里斯。后来，这座宫殿成为亚美尼亚本笃教会（Mekhitarist）僧侣们的财产。1850 年，他们在此创建了一座学院，时至今日，它仍接收了 60 多位年轻的亚美尼亚大学生。只要得到了看门人的准许，您就可以跨过门槛，看到一座花园，它曾是城中最美丽的花园之一。科多·马第斯曾在此与他的朋友托卡坦赞（Tokatzian）重逢，他们在花园深处的一幢作为图书馆的建筑内讨论了个把小时。

我们已经在“金之门”这一章中得知，亚美尼亚宗教团体的 17 世纪小教堂就隐藏在圣马可大教堂身后。这个团体逐步壮大，并在 1717 年得到许可，得以在圣拉扎罗岛上定居。在接收了一间麻风病院后，小教堂终被废弃。

离开了花园，让我们沿着码头一直走到救济桥（Ponte del Soccorso），**圣母玛利亚升天大教堂的收容所和小礼拜堂**出现在正前方。

既是女诗人又为高级妓女的韦罗妮卡·佛朗哥（Veronica Franco）便是出自这家救济院。从 1593 年起，这家救济院内就收容了各个年龄层的妓女们。韦罗妮卡·佛朗哥在王子（其中就有法国国王亨利三世）和文人墨客中声名显赫，她亦是丁托列托的情妇，丁托列托还为她画过一幅肖像画。

在桥的另一边，我们可以看到达科多玛小酒馆（Da Codroma）。在右侧，如果踏上加迪亚尼廊道（Sotto-portico dei Guardiani），我们将在加迪亚尼小广场上看到一口 16 世纪的八角形浮雕水井，还有一些砌在墙上的 15 世纪的陶土建筑碎片。其中有两块碎片格外引人注目，它们是来自伊斯特拉半岛的石料：一块上面有花的图案；另一块特别讨人喜欢，刻着列那狐和鹳的故事（14 和 15 世纪）。

亚美尼亚服饰

回到布里亚地河畔（Fondamenta Briati），这条河岸街的名字来自一位著名的玻璃商，他的作坊就在这条街上。

我们从**阿里亚尼宫**（Palazzo Ariani，14 世纪下半叶所建）附近经过，它那

站在浮木码头上可以看见朱代卡岛上的斯塔基磨坊

木制小祭坛，祭坛内有一尊15世纪的彩绘耶稣像，它就在天使桥附近。

金碧辉煌的哥特式廊道是受到了东方世界的影响。就让我们沿着河畔一直走到底。

这一街区的每一点都与马里蒂马（Marittima）街区相似，尤其是加里波第路（Via Garibaldi，在“海之门”这一章）。各种各样的走私犯和冒险家混杂在这里的原住民中。我们可以在这看到一座棉纺厂，在更远的地方有一座烟草工厂。

圣尼科洛乞丐教堂

我们到了此次行程的倒数第二站——**圣尼科洛乞丐教堂**（Chiesa di San Nicolò dei Mendicoli）⑫，这是普拉特最心心念念的地方。它修建的时间很早（7世纪），教堂正面有一条15世纪的回廊，这条回廊在近期被修复过一次。正如在里亚托街区的圣贾科莫教堂一样，笃信宗教的女人——那些靠他人布施生活的穷苦修女，经常托庇于圣尼科洛教堂。我们还能在教堂内重新找到各个世纪间存放的不同物品，那些遭受改变后的痕迹，从教堂的半圆形后殿和它那12世纪拜占庭风格的檐口，到更晚期的作品，如16世纪的管风琴和中殿的木刻装饰，这一切都与卡米尼教堂的装修风格类似。

在这些油画作品中，帕尔马·乔瓦尼的作品当然是这里的珍品。来自博恩工作室的一尊15世纪的漂亮雕塑，象征着圣尼科洛。

我们在广场上可以看到运河另一边的一座12世纪威尼托–拜占庭风格的钟楼，过去，那儿附近曾有一家棉纺厂。目前，建筑大学研究院的一部分就设在这里，威尼斯大学（Università Ca' Foscari Venezia）的工业化学系也在此处。

穿过圣尼科洛桥（Ponte San Nicolò），踏上特里斯河岸街（Fondamenta delle Terese），靠右一直前行至特里斯桥。过了桥后，为了回到之前走过的河岸街，我们仍需右转。一起通过天使桥（Ponte de l'Angelo），对了，我们可以在这座桥上看到一座木制小祭坛，上面安置着一尊15世纪的彩绘耶稣像。在经过教堂街（Salizzada de la Chiesa）后左转，向着加高的安吉洛·拉斐尔广场（Campo Angelo Raffaele）走去。

圣塞巴斯蒂亚诺教堂

离开广场，让我们来到圣塞巴斯蒂

亚诺广场（Campazzo San Sebastiano），一座献给圣人塞巴斯蒂亚诺的16世纪**教堂** ⑬ 正矗立在广场中央。教堂内收藏了一组韦罗内塞的珍贵画作，画家本人也埋葬在教堂内。

在入口的右侧有一面由提香所作的祭坛屏风，描绘的是圣人尼科洛。在礼拜堂内，大祭坛的右边，一幅帕尔马·乔瓦尼的画作正忠实地等待着我们的到来，但在这里，游览的全部乐趣都出自韦罗内塞的作品。韦罗内塞在生命的不同时期，都在这座教堂内工作过，并在这里留下了许多壁画和多幅出色的油画作品。

想要返回我们的酒店、寓所、膳宿公寓或出租客房，在过了桥后，我们可以沿着面前的那条长街直走，然后穿过圣巴斯吉奥广场（Campo San Basegio）。在凤尾船街（Calle del Traghetto）尽头，您将会看到大运河上有着能将您带到圣撒穆尔的贡多拉，或是会在从大运河到丽都岛的所有码头停靠的1号线船只。

如果您偏爱一种更为有趣的选择，那么请您即刻右转，来到圣巴斯吉奥河畔（Fondamenta di San Basegio）。在河畔尽头，请您斜穿过广场，来到浮木码头河畔（Fondamenta delle Zattere），它就在老斯塔基磨坊的正对面，斯塔基磨坊为对面的朱代卡岛平添了一丝英伦风格。

您将在右边看到圣巴兹利奥小饭馆（San Basilio），它就在通向马里蒂马街区的小桥旁边。

在码头的更前方，有着线路不同的水上巴士和去往不同船港的船只。

圣塞巴斯蒂亚诺教堂钟楼上的“十”字形奠酒器

圣尼科洛乞丐教堂矗立在威尼斯最早开发的一个地区。它的修建时间要追溯到7世纪左右。安吉洛·拉斐尔教堂附近的居民——“尼科洛教民”有着选举自己领袖——伟大的“加斯塔多”（gastaldo，威尼斯共和国时期，会堂的最高权贵）的特权。他们头戴一顶黑色贝雷帽，经常向城堡区的居民发出挑战；而“城堡区居民”头戴一顶红色贝雷帽，两队人马就在拳头桥发生冲突。

威尼斯面具

在《威尼斯传奇》中，主人公科多·马第斯正在和一口井交谈，这口井突然就变成了一张面具。人人都认为面具是威尼斯的象征之一，于是，科多就像一个与威尼斯传统全然割裂开来的一个人，开始暗自思忖这一古老而未知的起源。

在威尼斯，戴面具曾是一种时尚，面具几乎可以说是一件必备饰品，人们必须戴着面具穿梭在大运河上。这一习俗的起源可以追溯到1094 年。从十月到耶稣升天节，它持续的时间久，四旬斋期间人们会暂时停止这一行为，但随时准备重新戴上面具。在这期间，正如一些著作中所描绘的那般，从总督到社会最底层的乞丐，所有人都戴着面具出门。与假面相搭配的黑丝风帽依旧远近闻名，它在十人委员会的一处遗址下被发掘出来，如今保存在科雷尔博物馆。

狂欢节曾是吸引整个欧洲的一大盛事，并为当地经济带来最大收益：戴着风帽、三角帽和披着黑色斗篷的假面人占据了房屋和广场，不仅是他们，打扮成普钦内拉（Pulcinella）、潘塔龙、布里盖拉（Brighella）、魔鬼、森林之神、老太婆、维纳斯和小丑模样的人也蜂拥而至。在城区的大广场上，有各种各样的图尔城铸币、斗牛表演、力量角逐，还有杂技演员、魔术师、江湖骗子或街头卖艺者，如此种种使得观众们眼花缭乱、目瞪口呆，屏息观看他们的表演。

城中的各个角落，每时每刻都在上演着舞会和欢迎会，贵族们在广场上和宫殿里举行着奢华的宴会。在这场盛大的社交和节日狂欢中，贵族和平民阶层的姑娘一起跳舞，僧侣则和交际花一起寻欢作乐。风帽和连帽斗篷不仅隐藏着人们的本来身份，还有他们的性别，也因此造成了许多令人尴尬的误会。因此，我们无须对这口神奇的井感到诧异，它早已对这座变得麻木而昏沉的城市感到失望——利益和快速消费的旅游业支配着这座城市。这口神井早已抛弃了它的小广场，在桑巴舞熏陶的默契下，和它的邻居——一段优雅的外部楼梯，一起逃到了巴西。据说，现在它们正在古巴的一个海滩上跳着默朗格舞呢！

色彩之门

威尼斯美术学院，安康圣母教堂，朱代卡岛

起点
终点
SAN MARCO
DORSODURO
GIUDECCA
Isola della Giudecca
Isola di San Giorgio Maggiore
LAGUNA VENETA
Bacino di San Marco
Canale della Giudecca
Canal della Giudecca
Canale della Grazia
Grand Canal
Riva degli Schiavoni
Palazzo Ducale
Piazzetta San Marco
Campanile
Piazza San Macro
Museo Correr
Giardini Ex Reali
Rio dei Giardinetti
C dell' Ascensione
C Vallaresso
Fond di Farine
C Barozzi
Rio de San Moisè
Corte Barozzi
Calle Larga XXII Marzo
C Pedrocchi
Fond Ostreghe
C delle Ostreghe
Campo Santa Maria Zobenigo
Campo Traghetto
Traghetto (Santa Maria del Giglio)
Traghetto (Dogana)
Galleria Traghetto Santa Maria Giglio
La Galleria van der Koelen
Jarach Gallery
Campo S Fantin
C d la Chiesa
C del Cristo
Piscina S Moise
Cor Contarina
Campo San Maurizio
Caterina Tognon Arte
F Corner Zaguri
Santo Stefano
Campo Santo Stefano
C del Spezier
C del Dose Da Ponte
Fond Barbaro
Campo San Vidal
Rio di San Vidal
Ponte dell'Accademia
C Vetturi
Saliz Malipiero
C d Teatro o d Orbi
Palazzo Grassi
San Samuele
Ca' Rezzonico
Fond Rezzonico
C Bernardo
Corte de la Comare
C dei Cerchieri
Fond della Toletta
C d Toletta
Ponte delle Maravegie
Fond Alberti
Campo San Barnaba
Ponte dei Pugni
C Delle Turchette
C Lunga San Barnaba
Fond Gherardini
Rio di San Barnaba
Fond d Squero
Sporca de le Pazienze
C d Degolin
Campo dei Carmini
Rio dell'Avogaria
Rio Malpaga
Fond Ognissanti
Rio Terà di Ognissanti
C Trevisan
Rio Ognissanti
Fond Bontini
C Bontini
Fond d Borgo
C della Chiesa
S. Trovaso
Campo di Trovaso
Pal. Brandolin
Squero di San Trovaso
Fond Nani
Fond Maravegie
S. Maria d. Visitazione
Gesuati
Zattere
Zattere Traghetto
Bateaux Alilaguna pour l'aéroport
Campo della Carità
Gallerie dell'Accademia
C C Corfù
C d Pistor
C Larga Pisani
Campo Sant'Agnese
Sant' Agnese
Rio Terà Antonio Foscarini
Piscina Agnese
Piscina Venier
C Nuova S Agnese
Piscina Forner
Campo San Vio
Collezione Peggy Guggenheim
Fond Venier dei Leoni
C San Cristoforo
Fond Zorzi Bragadin
C Franchi
C d Squero
Fond di Ca' Bragadin
Rio Terà San Vio
C. dietro gli Incurabili
Ex Ospedale d. Incurabili
Spirito Santo
Calle Monastero
Calle della Scuola
C Molin
Cor Nuova
Fond di Ca' Bala
Fond Soranzo della Fornace
Rio Terà ai Saloni
Campo S. Gregorio
Rio Terà d Catecumeni
C del Squero
Pal. Genovese
Cà Dario
C d Bastion
C d l'Abbazia
Ex Abbazia di S. Gregorio
Fond d Salute
Campo della Salute
S. Maria della Salute
Fond d Dogana alla Salute
Punta della Dogana
Salute
Santa Maria del Giglio
Accademia
Vallaresso
San Marco
Gondole (Paglia)
San Zaccaria
San Giorgio
Campo San Giorgio
San Giorgio Maggiore
Campo Nani o Barbaro
Fondamenta San Giovanni
Zitelle
Fond delle Zitelle
C Saon
C de l'Asilo Mason
C Michelangelo
C Esterna
C della Fonderia
C Drio la Croce
C del Gran
C dello Squero
C della Croce
Fond della Croce
Rio della Croce
C dei Frati
Il Redentore
Campo del Redentore
Redentore
Campo San Giacomo
Fond San Giacomo
C San Giacomo
Fond Fianco d Ponte Longo
Rio del Ponte Lungo
Fond del Ponte Longo
C delle Erbe
C del Ferro
Fond San Angelo
C Stretta Ferrando
Fond del Ponte Piccolo
Palanca
Rio della Palada
Fond della Palada
C Junghans
C del Forno
Corte Grande
Rio del Ponte Piccolo
Fond dei Scuole
Rio Morto
R Cor Grande
Fond Santa Eufemia
C Lunga dei Nobili
Accademia dei Nobili
Campazzo S Cosmo
C San Cosmo
Campazzo di Dentro
S. Eufemia
Fond d Rio de S.Eufemia
Campo San Cosmo
Rio di Sant'Eufemia
Fond San Biagio
Fond della Rotonda
C d Masena

起点：水上巴士—站点：威尼斯美术学院（Accademia）

终点：圣乔治·马焦雷岛

游览须知：此次漫步之旅包含多个博物馆，它们可是雨天的最佳避雨场所。我们要避开周一下午和周二，因为那两天学院画廊和佩吉·古根海姆基金会分别会关闭。

色彩之门

威尼斯美术学院，安康圣母教堂，朱代卡岛

在威尼斯，水汽和雾气一同侵蚀了雕像，模糊了线条，抹去了曲线。从16世纪起，凭借在各类色调变化运用上的游刃有余，威尼斯画家的名声远播海外；而佛罗伦萨人则以素描见长。今天，汇集了威尼斯艺术中最伟大的藏品的威尼斯美术学院画廊，重新整合了这些大师们的作品，他们那多彩的调色盘让这些画作熠熠生辉。贝利尼、乔尔乔内，当然还有大师提香，将色彩作为他们油画的主要素材。他们的继任者，两位伟大的威尼斯艺术大师——丁托列托和韦罗内塞，则在光线的运用上十分大胆。18世纪时，运河上反射的一缕阳光使瓜尔迪（Guardi）激动不已，与此同时，詹巴蒂斯塔·提埃坡罗（Giambattista Tiepolo）将色彩艺术推向了顶峰，并因其画作中湛蓝的天空而闻名遐迩。

对于地方总督来说，绘画也是彰显威尼斯共和国力量的一种方式。今天，这种资助艺术的传统以一种更加国际化的形式延续，正如离威尼斯美术学院仅几步之遥的佩吉·古根海姆基金会所表现出的那样。毕加索、康定斯基（Kandinsky）和米罗（Miró）的现代色调在威尼斯美术学院大放异彩。继续在多尔索杜罗区漫步，海关大楼博物馆（Punta della Dogana）里的弗朗索瓦·皮诺（François Pinault）艺术基金会则为此番旅程带来了一抹现代色彩。最后，沿着浮木码头河畔散步，然后来到朱代卡岛上，岛上视野绝佳，您可以在此欣赏潟湖变换的色彩。如此一来，我们也能充分了解威尼斯光线的重要性，这些都可以在雨果·普拉特的水彩画中再寻踪迹。

❶ 威尼斯美术学院画廊
❷ 佩吉·古根海姆的寓所
❸ 达里奥宫
❹ 安康圣母教堂
❺ 绝症医院身后的小广场
❻ 奇迹之桥
❼ 科玛尔胡同
❽ 圣巴尔纳伯广场
❾ 拳头桥
❿ 土耳其人大街
⓫ 布兰多林宫
⓬ 船坞
⓭ 杰苏阿蒂教堂
⓮ 威尼斯救主堂
⓯ “老姑娘”教堂
⓰ 圣乔治·马焦雷岛

威尼斯美术学院画廊

我们来到一座巨型木桥前，这里的景色十分壮观。过去，这座桥曾是座铁桥，跟您将在这里看到的其他金属桥差不多。在奥地利人攻占城市时，这座桥由奥地利人修建。旁边是**圣玛利亚慈善堂**（Scuola S. Maria della Carità），这是威尼斯最古老（建于1260年）和最重要的六座会堂之一，它肩负着救助穷人的使命。从1807年起，**威尼斯美术学院画廊**（Gallerie dell'Accademia）❶就在这片由众多宗教建筑组成的建筑群中安家落户。

请您花一些时间来看看这些14至18世纪优秀的威尼斯油画藏品。我们可以在这里欣赏和感知这些画作所特有的色彩的意义：贝利尼、乔尔乔内、提香、韦罗内塞、丁托列托、提埃坡罗、卡纳莱托、瓜尔迪……卡巴乔为圣女乌尔苏拉（Saint Ursula）所作的一组画集，还有我们最喜欢的真蒂莱·贝利尼（Gentile Bellini）的《圣洛伦佐桥真十字的奇迹》，这幅画生动地描绘了大运河上的生活场景。

如果在艺术的整体概念中看待艺术，那么有一点很有趣：我们可以注意到，与其他地区不同，诗歌艺术并没有在威尼斯发展起来。15世纪末，人们在这里印刷出版的书籍比欧洲其他地方出版的书籍加起来还要多。实际上，人们在这里发明了现代书籍，但要等到18世纪和文学颓废期的到来，哥尔多尼、戈齐、巴福、达·庞特和卡萨诺瓦才开始崭露头角。

威尼斯一直深受图像、造型艺术、建筑、时尚、色彩及光线的影响。尤其是日光，它包裹着威尼斯，将一切事物都笼罩在现实的神奇幻象中。人与自然就如同被施了魔法一般，在此和谐共存。让我们看看乔尔乔内的画作《暴风雨》：画面中，左侧的士兵就像被施了魔法似的，似乎要消失在将他围绕的叶簇中。另一个灵感源则是人们自身，就像在真蒂莱·贝利尼的《圣马可广场上的游行》（1496年）中，画家以写实和准确的笔触，描绘了广场和喧闹的人群；或是韦罗内塞的这件巨幅画作，为圣乔瓦尼和保罗大教堂多明我会修道院餐厅设计的《最后的晚餐》。这幅作品遭到了法院和宗教审判所的查禁，在对画家的自由进行激烈的辩护后，这幅画更名为《利未家的宴会》。

韦罗内塞的另一件巨幅油画作品《加纳的婚礼》是为圣乔治教堂的餐厅（此外，餐厅也是按照这幅油画所设计的）所作，后来这幅油画作品成为拿破仑所掠夺的物品之一。现在，它就保存在卢浮宫内，法国以防止将其损坏为借口，不曾将这件作品物归原主。

离开此处向右走，经过桥边，然后继续向右，最后来到左边的第二条街——圣阿涅塞新街（Calle Nuova Sant'Agnese），穿过街道，在这里我们可以发现原产自弗里乌尔的“弗里拉那”（Friulana）拖鞋。右手边，韦尼耶的洗礼场（Piscina Venier）展现在我们面前，后面一段路已更名为圣阿涅塞（Sant'Agnese）。喷泉对面的房子的墙上有一尊圣母像，这不禁让人忆起1630年这里发生的那场严重的鼠疫。

让我们重新回到圣阿涅塞新街，直行至石桥和圣维欧广场（Campo San Vio）。

佩吉·古根海姆的收藏品

沿着教堂街（Calle della Chiesa）继续前行。这条街的尽头是**多图画廊—工作室**，它见证了雨果·普拉特的两部漫画作品的诞生：“英国投弹手”系列和“科多·马第斯”系列。

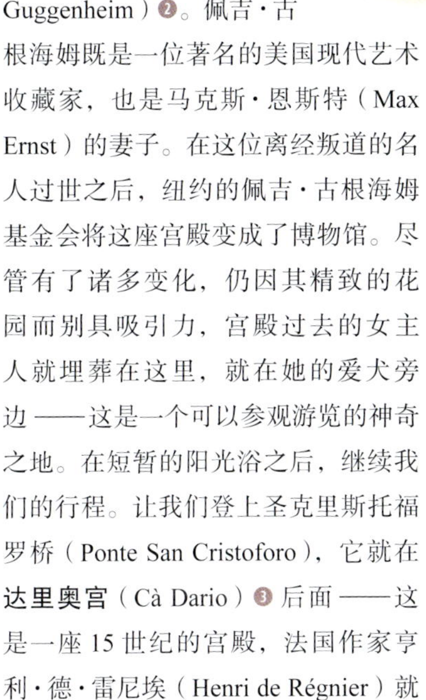

然后继续顺着莱奥尼河畔（Fondamenta dei Leoni）前行（对面有一家店面不大却十分雅致的小餐馆：贡多利里，Ai Gondolieri）。绕过了莱奥尼街上的韦尼耶宫殿正门，就到达了**佩吉·古根海姆的寓所**（Collezione Peggy Guggenheim）❷。佩吉·古根海姆既是一位著名的美国现代艺术收藏家，也是马克斯·恩斯特（Max Ernst）的妻子。在这位离经叛道的名人过世之后，纽约的佩吉·古根海姆基金会将这座宫殿变成了博物馆。尽管有了诸多变化，仍因其精致的花园而别具吸引力，宫殿过去的女主人就埋葬在这里，就在她的爱犬旁边——这是一个可以参观游览的神奇之地。在短暂的阳光浴之后，继续我们的行程。让我们登上圣克里斯托福罗桥（Ponte San Cristoforo），它就在**达里奥宫**（Cà Dario）❸后面——这是一座15世纪的宫殿，法国作家亨利·德·雷尼埃（Henri de Régnier）就曾在此居住。它也是大运河上最引人注目的建筑之一，它的彩色大理石外

乔瓦尼·玛利亚·提里奈落（Giovanni Maria Tirinello）在圣阿涅塞洗礼场附近拥有自己的细木工厂。他在圣克莱门特岛上工作时，染上了疾病。同样身在圣克莱门特岛上的曼图亚公爵的大使，德斯汀吉侯爵（De Stringis），也死于鼠疫。他是在旅行期间感染上这种疾病的。

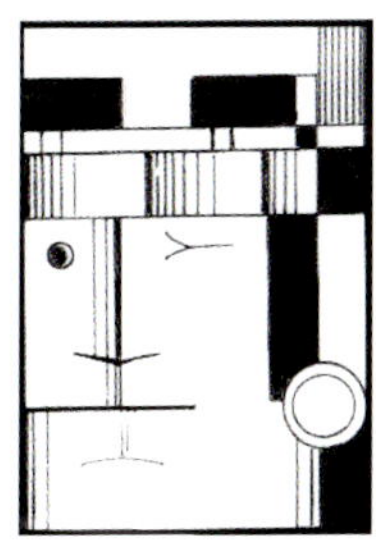

佩吉·古根海姆的“私密”藏品

观是隆巴尔多工作室的作品。

在我们面前的是**巴巴罗小广场**（Campiello Barbaro）。这座广场极具魅力，角落里的装裱店（Marangon de soase）使油画得以更加完美地呈现。

先左转，再向右前行，通过美丽的福尔纳切小运河（Rio de la Fornace）上的圣格雷戈里奥桥（Ponte San Gregorio），然后继续前行，直到圣格雷戈里奥广场（Campo San Gregorio）。广场的左边和凤尾船街相交，我们可以在这里搭乘贡多拉去往运河对面的佐比尼果圣母教堂（Chiesa di Santa Maria Zobenigo）。过了阿帕兹亚廊道（Sottoportico de l'Abbazia）和同名石桥之后，我们将看到**圣格雷戈里奥教堂**（Chiesa di San Gregorio，建于15世纪）那漂亮的半圆形后殿，正倒映在安康河（Rio della Salute）上。

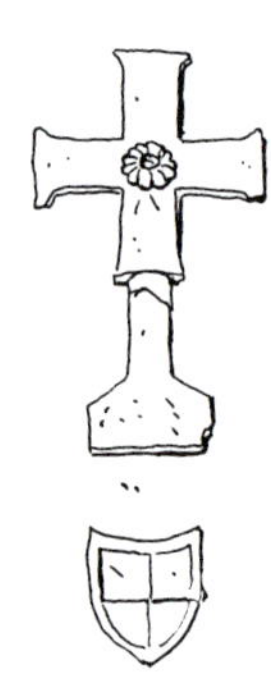

圣格雷戈里奥广场

与之相邻的是建于11世纪的本笃会修道院，它那位于大运河上的14世纪时的漂亮大门仍然保存完好。修道院内，还有一条1350年建造的哥特式回廊。

安康圣母教堂

我们来到一座庄严雄伟的大教堂前，它由巴尔达萨雷·隆盖纳设计，这就是赫赫有名的**安康圣母教堂**（Chiesa di Santa Maria della Salute）❹。修道院和圣三一教堂是最早建造的，1256年，威尼斯共和国将它们赠给了

条顿骑士团，作为对他们帮助国家抗击热那亚人的回报。

这个骑士团和圣殿骑士团、马耳他骑士团齐名，1190 年由施瓦本的弗雷德里克在阿卡创立，它的使命在于保卫耶路撒冷和巴勒斯坦的圣地。条顿骑士团在威尼托大区的教府就在这座修道院内。1592 年，在威尼斯共和国与奥地利的马克西米利安（骑士团教省代表）之间的一次纷争后，教皇克莱门八世撤销了这一机构，这些建筑被交给威尼斯地区的主教。1630 年，威尼斯元老院宣布，如果圣母玛利亚解救了城市，并缓解鼠疫的蔓延——当时鼠疫已经造成五万人的死亡——就为她建造一座教堂。1631 年，疫情最终被战胜，于是人们马上建造了一座木制教堂。就在如今这座壮丽辉煌的大教堂建造之时（1631—1681 年），条顿骑士团过去的修道院被拆毁。

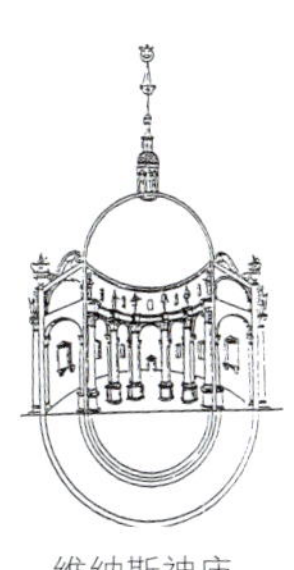

维纳斯神庙

这座新的大教堂由隆盖纳设计，它就矗立在一座修道院的旁边。说起这座修道院，1742 年，卡萨诺瓦曾在此学习物理。教堂平面图似乎借鉴了《寻爱绮梦》中维纳斯神庙的造型；这部作品由多明我会的修士弗朗切斯科·科隆纳所著。

如果我们用威尼斯的一尺（35.09 厘米）作为统一的度量衡，那么我们会常看到以下两个数字：8（教堂那八角形的基座是文艺复兴时期的特色），11 及 11 的倍数。“8”是基督教的象征符号（圣墓教堂、圣母的神秘花冠，象征着复活节和永生），但“11”却含有一个负面意义。事实上，相对于十诫而言，它指的是入地狱之罪；而对于卡巴拉教（Kabbale，希伯来语“传统”之意）而言，这个数字则代表了《摩西十诫》至高无上的起源，也就是说被 10 个质点围绕的上帝。

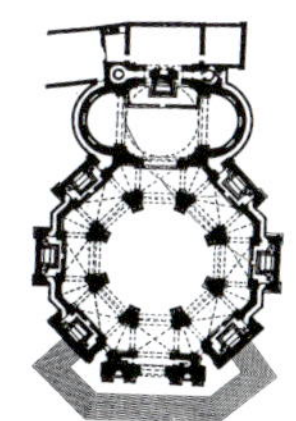

安康圣母教堂的平面图

“11”既是希伯来语字母表的一半，也是塔罗牌 22 张阿尔卡那牌的一半。但丁也曾用每行诗 11 音节的方式来写《地狱》《炼狱》和《天堂》这些篇目。

我们对巴尔达萨雷·隆盖纳知之甚少。他祖籍布雷西亚，父亲是一名叫“麦基洗德”（见“东方之门”这一章）的石匠，因此，我们可以认为他是个犹太人。此外，还可以想见，在

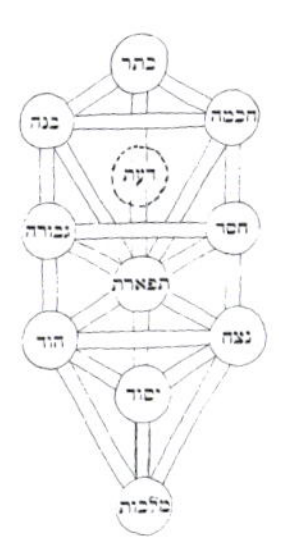

卡巴拉生命之树：上帝和他的十大质点。

犹太–基督教的世界中，这座建筑具有神秘的卡巴拉教式的“和谐”，就像进行了一次神秘的诸说混合，它集合了维纳斯神庙中的异教思潮。

在楼梯的旁边，两位天使露出了水面。如果我们“移步到”水面上，比如坐在一只小船里，景色将会更加动人心弦，仿佛天使们将大教堂径直放在天空中一样。

玫瑰十字会的徽章

宽阔的穹顶下，在地板的中央，我们可以看到第一顶玫瑰花冠；第二顶更大一些，由十朵玫瑰和一块金属圆板（姑且算作第十一朵玫瑰）构成，旁边还有一行铭文：Unde origo inde salus。如此种种使得这座教堂的传说更加丰满，同时又将玫瑰十字会的奥义联系了起来。

所罗门锁骨的印章

还有另一件事：外墙的周围，都有一条“卍”字饰的中楣，这是印度宗教的象征（svastica，梵语“吉祥”之意）。杜里斯之底餐厅（Dulcis in fondo）（我们把最好的一家餐厅留到了最后）的整个建筑平面图就是比照了所罗门的锁骨（见“金之门”这一章）。

现在我们不存在任何疑虑了：回忆一下在仁爱街区（Misericordia）的勒兹宫。在宫殿外表的奇怪浅浮雕上，隆盖纳已经展示出一些神秘难解的主题。

好吧，说完这句题外话后，让我们回到现实中来，再来看看这座出色的建筑物。它的上方露出一段16级台阶的楼梯，强调了天主至高无上的威严。从海上看，教堂的巨大穹顶将朱代卡岛运河和大运河一分为二。一片木桩支撑着这座石头防波堤。

在教堂内的大祭坛上，我们可以看到一座拜占庭风格的圣母像[这是由弗朗切斯科·莫罗西尼从甘地亚（伊拉克利翁，位于克里特岛）带回来的]、一幅提香的画作、一件漂亮的15世纪挂毯、丁托列托的《迦纳的婚礼》。在圣器室，还有提香为圣灵岛（San Spirito）教堂所作的其他作品。1656年，宗教协会占领并解散了那里的修道院，这些画作被带回了安康圣母教堂。

每年人们都在11月21日这天庆祝圣母安康节。为了方便朝圣者参观教堂，人们用船搭起一座临时天桥，从佐比尼果圣母教堂一直到我们刚才穿过的凤尾船大街。大蜡烛和蛋糕货摊出现在教堂附近，对于小孩子而言，这简直是天大的乐事！

浮木码头沿岸

沿着码头继续我们的行程，我们把隆盖纳设计的雄伟建筑留在身后，来到下一个景点。从 15 世纪起，这里就是威尼斯共和国**海关**的所在地了。过去，人们就是在这里卸下货物，并为从别国远道而来的商品交纳进口税。为了能保存商人弗朗索瓦·皮诺的现代艺术藏品中最重要的那部分，最近，海关大楼得到了翻新。商品的内陆海关就位于里亚托桥，这里的商品皆产自内地。

在到达河畔尽头之前，你将看到一艘渡船，它连接了城市尽头的岬角和圣马可广场。

城市尽头的景色就像一张明信片，着实迷人极了！在我们身后，两根男像柱支撑着一个金球，在金球上矗立着**命运女神**（Fortuna）的雕像（贝尔纳多·法尔科尼的作品），她指示着风的方向。

让我们来到朱代卡岛运河沿岸的码头，这里离**黄金船赛艇公司**（Società Remiera Bucintoro）仅几步之遥。饥荒时期，柯佛男爵（Frederick Rolfe）就宿在一艘小船里，现在，这艘小船就在我们的正对面。

在继续这段阳光下的漫步之旅之前，让我们回想一下：科多并不喜欢在夏天的时候来到这个角落，他更喜欢在夜晚或是雾天，在这里展开自己的冒险之旅。这位怕晒的名人，既无法忍受夏日午后的酷热，也无法忍受从早到晚无情炙烤着这里的太阳。

接下来，便是这座名为“浮木”（Zattere）的码头了。也许它会让人想到在《盐海传奇》（*Una ballata del mare salato*）的前几页中，一条置身于汪洋大海中的浮木，让人觉得漂浮不定、随波逐流。诚然，科多喜欢非洲这样的热带地区，也爱科尔多瓦、马拉加或直布罗陀某个弥漫着异国花香的花园；或许他更加偏爱满眼绿色而又阳光充足的爱尔兰式清凉地区，在那里，手中端着一杯酒，思绪飘向别处。

我们的主人公总是给人一种在任何地方都轻松自在的感觉，但前进方向的不确定性以及对别处的渴望总是与他如影随形，仿佛总有其他约会在等待着他去赴约。

因此，让我们继续漫步之旅（最好选择在一个春日或秋日凉爽的上午

出行），向着**老盐仓**（在威尼斯双年展期间，有时用来充当展览场地）前行。我们一起走过巴拉宫桥（Ponte de Cà Balà），另一秘密在这里等着我们：这座桥的名字既不是来自某一个“巴拉家族”——要知道，威尼斯从来没有过这样一个家族；也不是像一些人认为的那样，来自附近的“baccalà”（干鳕鱼）货舱；很简单，它的名字就是来自“cabala”（即Kabbale，卡巴拉教）。美国诗人埃兹拉·庞德（Ezra Pound）就曾在巴拉宫河畔（Fondamenta Cà Balà）的第一条小巷中居住了50年。

奇迹之桥

继续前行至**圣灵会堂**（Scuola dello Spirito Santo），经过此处的会堂街（Calle della Scuola），然后来到修院大街（Calle del Monastero），最终到达圣维欧河道街（Rio Terà S. Vio）。

我们从左边的老胡同（Corte Vecchia）附近经过，它有着一扇筑有雉堞的漂亮大门，稍远处是萨比翁胡同（Corte del Sabbion），在胡同尽头，有着另一扇大门。

面对着拐角处的房屋，您可以看到房屋上有一片漂亮的叶状十字架，下面是来自拜占庭的半月形饰物（6世纪）。左转来到绝症医院后面的第一条岔路（Ramo Primo dietro gli Incurabili），它就在拐角处的第二尊基督复活雕像（1681年）旁，这尊雕像被放置在一个贝壳形状的盖子下面。现在，让我们斜穿过这座小广场。

在左手边，**绝症医院身后的小广场**（Campiello Drio agli Incurabili）❺上，有一片已经有些褪色的壁画，这幅壁画描绘了朱代卡岛上的种种情景。

踏上一条清凉的街道，这条街正好在老绝症医院边，并将我们引向浮木码头河畔。这座16世纪的救济院目前接纳一部分藏品，多年来，它们一直被锁在威尼斯学院的仓库里。

让我们来到右边的卡勒辛纳桥（Ponte de la Calcina）。1877年，罗斯金（Ruskin）就在这里的卡勒辛纳膳宿公寓住过。

右转来到杰苏阿蒂河道街（Rio Terà dei Gesuati），旁边就是同名的杰苏阿蒂教堂。沿着**圣阿涅塞广场**（Campo Sant'Agnese）前行，在《威尼斯传奇》中，科多就曾在这里与邓南遮，还有一小撮由斯特瓦尼带领的法西斯分子相遇。

经过安东尼奥·弗斯卡里尼河道街（Rio Terà Antonio Foscarini）之后，左转来到皮萨尼宽街（Calle Larga Pisani），先向右转再向左转来到皮斯特小巷，这条小巷通往普里乌里河畔（Fondamenta Priuli）。我们沿河畔右岸前行，直至**奇迹之桥**（玛拉维吉桥，Ponte delle Maravegie）❻，这个名字也是为了纪念住在街角的玛拉维吉家族。

关于这座桥最初的名字，有着许多不同的版本，其中一个认为：许多双默默无闻的手在一个晚上建成了这

加布里埃尔·邓南遮曾住在大运河另一侧的红色房子里，这是霍恩洛厄（Hohenlohe）家族的财产。

座桥。他们使用了在那儿存放的建材，而这些建材也一直都在等待着被用于建造大桥。

拳头桥

让我们过桥并来到托勒塔大街（Calle de la Toletta）。到达街道尽头之前，转向托勒塔第二大街（Calle Seconda de la Toletta），然后再向右转。此刻，我们身处圆环大街（Calle dei Cerchieri）。顾名思义，这个名字表明此处有为水桶加箍的作坊。在左侧稍稍往前的地方，一条通道将我们引向**科玛尔胡同**（Corte de la Comare）❼，这里有一座隐秘而极富特色的院落。

回到刚才的地方，继续前行至船坞大道（Fondamenta dello Squero）；我们沿着这条大道，一直走到一座通往托勒塔大道（Fondamenta della Toletta）的小桥前。这座桥的左边坐落着同名的**书店**，这倒是个值得一去的地方。如果您对迂回绕道不感兴趣，那就踏上河岸街右侧，穿过隆巴尔多桥（Ponte Lombardo），经由诺比利娱乐场的廊道（Sottoportico del Casin dei Nobili）继续我们的旅程。一家著名的私人赌场就在此处，我们在威尼斯赌场那章已经谈论过这些。

这就是**圣巴尔纳伯广场**（Campo San Barnaba）❽。在著名的传奇故事《夺宝奇兵》（*Raiders of the Lost Ark*）的第三部中，印第安纳·琼斯（Indiana Jones）就在这里让地下隧道重见天日。您还会发现一间小商店，里面播放着动人的音乐，兜售着香喷喷的咖啡，四处洋溢着甜美温柔的气息。

运河上左手边的位置，有一艘供应着蔬果的大驳船，**拳头桥**（Ponte

dei Pugni）⑨就在它的旁边。这名字倒很容易让人忆起一个传统风俗——从九月到圣诞节，城中两股势力——城堡区的居民和圣尼科洛乞丐教堂堂区居民之间总会发生一些打斗。圣尼科洛乞丐教堂堂区是威尼斯最为穷困的堂区之一，那里住着一群出身低微的罪人，他们在遭到大肆捕杀后，引发了这类争斗。起因大概是 14 世纪时，一位绰号为“死亡主教”的城堡区地区主教设立了一项死亡税。这位高级神职人员积累的财富激怒了圣尼科洛乞丐教堂堂区居民，彼时正值 1346 年鼠疫爆发之际，这场鼠疫造成了一半人口的死亡，于是圣尼科洛乞丐教堂堂区居民决定将这位主教送下地狱，这同样引起了城堡区居民的愤怒。

布兰多林宫

让我们先别过桥，一直走到格拉迪尼大街（Fondamenta Gherardini）的尽头，然后再左转两次，分别经过勒巴赞泽街（Calle Sporca de le Pazienze）和一条长街（Calle Lunga San Barnaba）。在**土耳其人大街**（Calle delle Turchette）⑩（贫困的土耳其女性所居住的街道）上，过去曾有一家圣洛克教会的收容所，用于救治奥斯曼帝国的女囚。修女们照料着这些年轻的姑娘们，帮助她们皈依，并给予她们最低份额的资产，帮助她们融入威尼斯共和国复杂的社会中。

在与奥斯曼帝国进行海战期间，这座收容所目睹了威尼斯海军捕获的土耳其人的女眷从此处经过。

现在让我们过桥，并踏上波尔戈

朱代卡岛：一个能把皮肤吹成棕褐色的地方。这一地名在伊斯特拉半岛上十分常见。

河畔（Fondamenta di Borgo），达蒙丁酒店（Da Montin）就坐落在靠近河畔中心的位置。一直走到河畔尽头，就是欧尼莎堤小运河（Rio Ognissanti）。让我们左转，沿着法国领事馆的后部前行，前往普拉特钟爱的一条河畔街。

我们随后来到**圣特洛瓦索广场**（Campo di S. Trovaso），有一天，科多在这里和威尼斯的猫儿们有了一个简短的对话。

教堂后正是城中最为美丽的一座**花园**，这里曾是**布兰多林宫**（Palazzo Brandolin）⑪ 的一部分，现在是大学的所在地，宫墙的其中一面朝向圣特洛瓦索小运河（Rio di San Trovaso）。过去，这片绿洲因其稀有和来自异国的植物而闻名四方，它的产权归安东尼奥·米切尔（Antonio Michiel）所有。1545 年，他为帕多瓦大学植物园的创立贡献了自己的一份力量。

在通过右边的桥之前，让我们在布拉斯（Brass）家族故居稍作停留。这座故居建于 1925 年，我们可以留意一下固定在墙上的奠酒器和那些奇怪的建筑元素。

桥的另一端，右侧是纳尼河畔（Fondamenta Nani），这里有一处豪华的**船坞**（Squero）⑫，这是一座贡多拉修理作坊。这座别致的船坞的建筑风格保留了一些山区风貌，大批途经此地的画家使它声名远扬。让我们回到浮木码头河畔，这里的酒吧和冷饮店都在邀请我们共享悠闲时刻；左边的码头也在邀请我们搭乘水上巴士，一起前往正对面的**朱代卡岛**（Giudecca）。

为了顺利到达朱代卡岛，我们需要搭乘 82 号线水上巴士，它就停在**杰苏阿蒂教堂**（Chiesa dei Gesuati）⑬ 附近（不要错过了教堂内提埃坡罗的壁画）。

朱代卡岛——威尼斯的郊区

过去，因为岛屿纵向的形状，这里曾经被称作“长长的鱼骨”（Spina Longa）；后来的名字“朱代卡”则是根据地名“Zudeca”音译而来。当地的花园和菜园极具特色，1729 年卢多维科·乌吉（Ludovico Ughi）所绘制的平面图详细统计了这一珍贵财富——几乎可以说细致入微地描绘出了每一条小径。

通常这些花园不许外人入内。花园里面生长着来自异国的奇珍异草。曾经的植物园已经消失不见了，只留下许多遗迹；过去人们在这里种下花草和珍稀草药，它们皆是来自最遥远的地方，多亏了那些航海家和旅行者把它们带了回来——菜园圣母堂附近的巴特罗（Patrol）花园内，弥漫着180余种不同玫瑰花的香气。让我们将注意力转向这座长满绿色植物的岛屿。1529年，为了逃避繁琐的宗教仪式和威尼斯的社交活动，米开朗基罗在这里定居了下来（他在此为里亚托的一座石桥设计了一幅草图）。

别墅和宫殿都曾用来接待声名显赫的客人，只是今天已然不见它们的身影。圣乔治岛前的丹多洛宫（Casa Dandolo）曾接待过一位塞浦路斯的炼金术士——马尔科·布拉加迪诺（Marco Bragadino），人们都认为他能够点石成金。

20世纪末和21世纪初的工业化改变了这座岛的风貌。华丽的别墅被拆毁，但未触及南面的长条绿化带，我们仍能在被废弃的工地和工业建筑群中间发现一抹绿意。艾瑞（Erion）针织厂、德莱赫（Dreher）啤酒厂、荣汉斯（Junghans）手表厂等一系列工厂鳞次栉比，一直排列到斯加莱拉电影制片厂（Scalera Film）[这里拍摄过电影《威尼斯神偷》（*The Thief Lord*）和维斯康蒂的《战地佳人》的几幕场景]，它们全都位于**皈依礼拜堂**（Oratorio delle Convertite）后面的街区，在与之同名的河畔上。这座教堂里所有做过妓女的女性和宗教女犯都有一个共同特点，那就是忏悔自己过去的“罪孽”，这也是教堂名字的由来（现在，这是女子监狱的所在地）。这座礼拜堂的第一任主教是一位瓦尔卡莫尼卡的祭司，他假借指导之名奸污了二十多位女犯，被斩首在圣马可广场的两根圆柱间。

老鼠和猫

14 世纪下半叶左右，数以千计的船只把珍贵的货品带回了威尼斯；然而，除了奇珍异宝，它们还带回了一些臭名昭著的客人，这些“客人”不仅不受欢迎，而且暗藏危机：老鼠，它们躲藏在货舱的深处，是黑死病（即鼠疫）病毒的携带者。

就像欧洲的大部分地区一样，威尼斯也多次遭受这场可怕灾难的侵袭，几乎大半人口被夺去性命。威尼斯政府不仅建造了如救主堂和安康圣母教堂这样的教堂，来祈求和感恩天主的庇佑；还对大街小巷和广场进行了系统的消毒；最为机智的是威尼斯商人从达尔马蒂岛引进了老鼠的天敌：猫！

从那时候起，猫就成了威尼斯不可替代的守护者和城中一道不可或缺的景致。威尼斯的城市构造和这位来去无声的夜晚“领主”笙磬同音，威尼斯的猫儿们甚至在自己的收容所内享有一定的权利！

科多·马第斯很喜欢这些猫，他不仅称赞它们在这些年间神奇的作用，更特别欣赏它们那自由自在、无拘无束的状态。

“土耳其之月”（新月）的夜晚，他经常会来到街巷里，当四周一片寂静时，科多会以一种极为有趣的方式和它们对话。沿着河畔渐渐远行，这里只回荡着他的脚步声，他想起了他的朋友库施，想起他经常挂在嘴边的一句格言：“神创造了猫，是为了让人能够抚摸到豹子的皮毛。”

沿着小岛前行

在帕兰卡站（Palanca）下了水上巴士，往右走几步，我们会经过英国画家杰弗里·汉弗莱斯（Geoffrey Humphries）的窗子底下。这位画家是普拉特的好友，二人曾经一度公用这间画室。稍远处，一道铁栅栏圈住了一条长长的廊道，这条通道将这座岛一分为二，让它看起来就像某种断层结构。我们可以在那里看到一些老制绳厂，人们在那儿制作各种类型的缆绳，但现在，这里已经变成了一个私人场所，并且不许外人入内。再往更远些的地方走走，我们就能看到一条极富特色的街道——罗贝尔学院长街（Calle Lunga dell'Accademia dei Nobili），这是为没有收入的年轻贵族们所设立的一所学院。

让我们继续前行至**圣欧菲米亚教堂**（Chiesa di Sant'Eufemia）。与潟湖北面的新街不同，这里宁静而安详。我们现在临近大海了，拖船和大型轮渡似乎在鼓励我们向着其他地方航行。朝着**斯塔基磨坊**（Molino Stucky）的方向望去，我们仿佛置身于英格兰，这幢新哥特式的红砖建筑曾经是一家面粉磨坊厂，现在已经转行为一家豪华酒店。

踏上圣欧菲米亚运河大道（Fondamenta del Rio de S. Eufemia），继而向左，经过圣科兹莫广场（Campo San Cosmo），右转来到罗贝尔学院长街，左转就是唐托广场（Campazzo di Dentro），继续左走就是大柯尔特街（Calle Corte Grande）。我们从一幢拥有**13个烟囱**的17世纪的建筑前经过，这可是一座名副其实的地标建筑。不过，让我们暂且把这座典型的工人住宅留在身后，一起右转，通过皮科洛桥（Ponte Piccolo）回到河畔大道。

过了铁桥（Ponte Longo），经过圣三一的圣克莱尔女修道院附近后，我们到达了庄严的**威尼斯救主堂**（Il Redentore）⓮。

为了拯救城市于1576年暴发的可怕鼠疫，元老院决议建造这座教堂，安德烈亚·帕拉弟奥（Andrea Palladio）担任了设计师。1592年，教堂最终建成。人们用了一些船只的桅杆和构架充当教堂餐厅的横梁，这些船都是参加过勒班陀战役的战船。

让我们继续沿着码头漫步，从克罗切桥（Ponte de la Croce）的另一边［就在伊瓜那餐馆（Iguana）附近］，一直走到修道院和奉献圣母玛利亚教堂（Chiesa di Santa Maria della Presentazione，这座教堂的平面图也是由帕拉弟奥绘制的）。这座教堂通常被称为**"老姑娘"**（Zitelle）⑮，因为它经常收留贫穷却有刺绣手艺的年轻姑娘们。现在，这里成了一个文化中心，经常会举办各种各样的展出。我们能在这里发现一座巨大的花园。

圣乔治·马焦雷岛

我们在"老姑娘"教堂站（Zitelle）搭乘水上巴士，前往**圣乔治·马焦雷岛**（Isola di San Giorgio Maggiore）⑯。一开始，这座岛被称为"柏树之岛"。本笃会修士在这里建立起了一个学术中心，自20世纪50年代起，这里就成了乔治·奇尼基金会（Fondazione Giorgio Cini）的所在地。

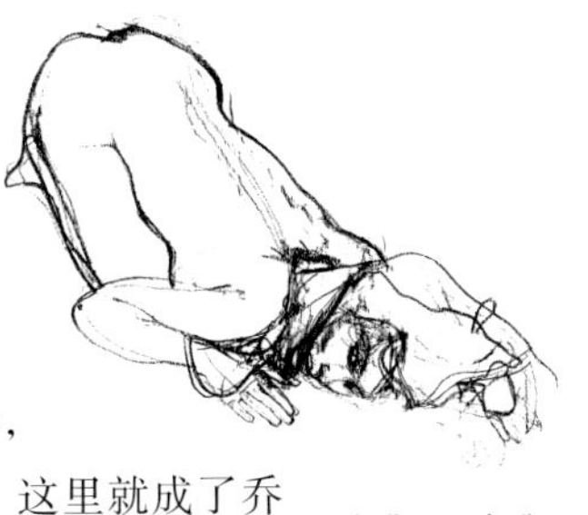

杰弗里·亨弗里斯的素描作品

圣乔治·马焦雷教堂（Chiesa di San Giorgio Maggiore）也是帕拉弟奥的一件作品。实际上，它与救主堂和奉献圣母玛利亚教堂同在大运河的一侧。它的祭坛藏在丁托列托华丽的油画背后。老修道院的宿舍（长128米）、隆盖纳的图书馆、著名的食堂饭厅、宁静的修道院回廊、花园和沿着花园静静流淌的南潟湖，共同构成了这次漫步的尾声。与此同时，圣马可广场和石纹花饰的壮丽全景图就在我们眼前。

贡多拉

和圣马可的狮子一样，贡多拉也是名副其实的威尼斯标志。它的名字来源不明，大约是拉丁语和希腊语混搭的结果，也许中间还夹杂了点儿土耳其语。不过可以肯定的是，它那种东方式的优雅魅力来自黎凡特地区。经过几个世纪的经验打磨，造船工艺已经令人叹服，当前小船的手工艺堪称精致完备。

14 世纪时，威尼斯拥有数目可观的贡多拉，总数超出一万艘，它们五颜六色。当时，贵族们多用昂贵的织物、锦缎和金色的帷幔来装饰自己的贡多拉，它们过分耀眼和华丽，以至于掌管宗教仪式的长官颁布了一项法令，规定所有贡多拉只能有一种统一的颜色——黑色，并强制它们换上一种新的装饰，如此一来，便与城市风貌更加匹配了。

在闻名遐迩的传统划船比赛上，贡多拉重振了自己辉煌的荣耀。从喜欢整天在潟湖岛屿间穿梭往来的赫尔曼·黑塞，到喜欢跟着自己的贡多拉游泳的拜伦，贡多拉常出现在文学作品中。隐秘而安静的贡多拉经常充当恋人相会的场所。科多·马第斯喜欢亲自驾驶着自己的贡多拉航行，他的贡多拉船夫朋友奥基·迪·法塔（Occhi di Fata）也是一位令人满意的桨手。

贡多拉是一种回溯时间的机器：搭乘这种神奇的交通工具，在夜间，当水位过高的时候——人们的视野会发生改变；而另一方面，当水位过低时，这种魔法就会变成一次惊险的冒险，河水不再遮掩家家户户的排泄物和那些哥特式电影布景般的阴沟水槽，一股令人恶心的气味弥漫在四周。因此，您务必要好好挑选一个夜晚，以欣赏这美丽的夜色。

在宁静和黑暗中，运河——这一昔日生活的交通要道，将会带您在城市和它那迷人倒影的脉络中心悄然穿行。最后一个建议：要不惜一切代价避免多艘贡多拉一起演奏小夜曲。

船头的铁制器具值得我们特别关注一下。这块奇怪的梳状板，过去人们也将其称作“马刺”或“海豚”，在几个世纪间，它的形状千变万化，装饰船头或船尾都可以。它现在的形状是在 15 世纪中期固定下来的。民间传统将威尼斯的街区和它的每个梳齿都一一对应起来。我们能在船的上部看到威尼斯总督所戴的一种无边软帽，帽子后面有一个圆形尖角。

旅游之门

潟湖岛屿

丽都岛北部
Biennale Internazionale d'Arte
SANT' ELENA
ISOLA DI SANT'ELENA
Sant'Elena
SAN NICOLÒ
S. Nicolò
Aeroporto Nicelli
San Nicolò
Antico Cimitero Israelitico
V Umberto Klinger
前往威尼斯
Université internationale de Venise
Isola di San Servolo
起点
Lido
Riviera S Maria Elisabetta
S. Maria Elisabetta
Piazzale S M Elisabetta
Gran Viale Santa Maria Elisabetta
Via Doge D Michiel
LIDO DI VENEZIA
终点
Isola di San Lazzaro degli Armeni
Monastère mékhitariste
Hotel des Bains
Piazzale Bucintoro
Golfo di Venezia
Plages
Laguna Veneta
Isola del Lazzaretto Vecchio
Casino municipal
Mostra Internazionale del Cinema
Grand Hotel Excelsior
Murazzi
Suite
前往丽都岛南部
丽都岛南部
前往丽都岛北部
Isola di Poveglia
Malamocco
Ca' del Borgo
Forteresse de San Marco
Cimitero
Laguna Veneta
Golfo di Venezia
Alberoni
Piazzale
前往佩莱斯特里纳 - 基奥贾
Circolo Golf Venezia
Fortezza S. M. del Mare
Faro Rocchetta
前往海洋圣母教堂
0

起点：圣玛利亚·伊丽莎白广场

终点：布钦多洛广场

游览须知：穆拉诺岛和丽都岛是游客最常去的岛屿；在旺季游客最多的时候，我们建议去更为安静的托切罗岛或圣弗朗西斯 - 德塞尔岛。

旅游之门

潟湖岛屿

它们像威尼斯的碎片，散落在潟湖上；它们像一座堡垒，抵御着海浪和敌人的入侵。这些小岛和威尼斯格外相似，但它们有着各自的历史和神奇之处。

丽都岛（Lido）上的马拉莫科小镇（Malamocco）犹如威尼斯的一个缩影，雨果·普拉特非常喜欢在此小住。不过，它那出名的海滨浴场和19世纪初的别墅赋予了它一种古朴的海滨魅力，它的气质独一无二，是个适合怀旧的地方。托切罗岛（Torcello）则截然相反，这是一座几乎无人居住的岛屿。岛上的大教堂有着辉煌的拜占庭风格的马赛克镶嵌画，如同迷雾的出口，它也是威尼斯最古老的宏伟建筑之一。这个威尼斯从前的对手，今天已经野草丛生，给人一种世界末日的印象。离这里只有几公里的地方，就是布拉诺岛（Burano）的彩色村寨，那里民风淳朴，是渔民和花边女工聚居的地方。远处的穆拉诺岛（Murano）上的炼金术士十分娴熟地将沙子、水和火融合在一起，制作出当地赫赫有名的玻璃，并在上面冠以自己的姓名。无数并不出名的小岛同样值得一游，例如南边的圣拉扎罗岛（San Lazzaro degli Armeni）和北面的圣弗朗西斯 – 德塞尔岛（San Francesco del Deserto）。这些小岛上布满了修道院、收容所和墓地，它们像我们最初抵制的诱惑——赌场一样，一个挨着一个。在威尼斯，还有很多宝藏有待我们发现。不过，旅游的感召力是最为强烈的，我们很快上了船，前往这些安静的休闲地，看看传说中的宝藏和幻想中的珍宝库。

1 拜恩斯酒店
2 威尼斯国际电影展
3 埃克色尔西奥大饭店
4 穆拉兹
5 圣马可堡垒
6 阿尔贝罗尼村
7 威尼斯高尔夫圆球场
8 罗切特灯塔
9 马拉莫科
10 犹太人古墓地
11 圣尼科洛教堂
12 尼切利机场

圣拉扎罗岛

圣拉扎罗岛在离丽都岛百余米的地方，它是潟湖中间一座迷人的东方绿洲。由亚美尼亚本笃教会神甫组成的亚美尼亚教团，精心照看着岛上的耕地和极美的花园。这里的一些蔷薇科植物是十分稀有的品种。

根据拜伦勋爵自己的描述，他比其他所有诗人都更能游泳，这一点的确是事实：在一艘贡多拉的护航下，他从丽都岛一直游回自己居住的莫切尼戈宫，这座宫殿就在圣撒穆尔后面，对面是凤尾船的站点（圣多玛站，S. Tomà）。

在充当麻风病院之后，这座岛随后被废弃两个多世纪，直到1717年，威尼斯政府才允许一位本笃会修士在此建立一座修道院。这位修士就是马那格·德·皮埃尔（Manug de Pierre），也被称作“安抚者”（Mekhitar），他在亚美尼亚时遭受了土耳其的迫害，但幸免于难。在他的规划下，教堂和修道院从这片古老的废墟上被重新建立起来。这座小岛不仅是一个宗教圣地，还很快成为一个文化科学中心，它的科教活动延续至今，依然保持着严谨的态度。教堂的钟楼有一个独特的球形屋顶；**教堂**和**修道院**里存放着许多价值不菲的藏品和画作；**图书馆**则与众不同，里面摆放了不少稀有而珍贵的细密画，还有一具埃及王子的木乃伊（公元前1000年），他被包裹在一张彩色的小珍珠织成的密网里。**科学陈列馆里的自然历史藏品**和一家可以出版36种不同语言作品的**印刷厂**，都证明了亚美尼亚本笃教会神甫们高超的文化造诣。

修道院的一间大厅是献给**乔治·拜伦**（George Byron，即拜伦勋爵）的。我们可以在这里欣赏到一幅精美的肖像画和许多他的个人物品。这位诗人喜欢在这座小岛静谧的环境中安然隐居，并在一位博学的亚美尼亚神甫的指导下学习了东方语言。神甫们热心地向我们展示了一块地方——橄榄树的树荫下——拜伦就喜欢坐在这里欣赏风景，远远望去，潟湖上的风景真是美极了。

丽都岛

丽都岛是所有将潟湖和大海分隔开来的小岛中最重要的一座。我们可以驾车，通过搭乘汽车轮渡17号线“威尼斯—特隆凯托岛—丽都岛”（Venezia–Tronchetto–Lido），或利用其他公共交通到达此处：从罗马广场（Piazzale Roma）出发，搭乘1号线或52号线；从圣马可广场出发，则搭乘6号线。这是最舒适的一条路线，因为这条线上的船都是真正的小游艇，您可以从舷梯上一览绝妙的小岛全景。

在**圣玛利亚·伊丽莎白广场**（Piazzale Santa Maria Elisabetta）站下船，广场上的教堂可以追溯到16世纪。沿着大街（Gran Viale）前行，一些新艺术风格的房屋和酒店引起了我们的注意，现在，这种风格在岛上随处可见。如果时间允许，我们可以在中途，在左边的达尔达内利大街（Via Dardanelli）的街角**租用自行车**。这既是欣赏风景的最棒方式，也是探索这条长12千米的狭长地带的最佳选择。大街通向布钦多洛广场（Piazzale Bucintoro），右转是马可尼滨海大道（Lungomare Marconi），再往前走几米，您将会在绿化带的中间发现一幢20世纪末的高雅建筑——**拜恩斯酒店**（Hotel des Bains）❶。《魂断威尼斯》（*Der Tod in Venedig*）的故事就发生在这里，这是托马斯·曼（Thomas Mann）所创作的一部小说，后来卢齐诺·维斯康蒂（Luchino Visconti）将其改编为一部出色的电影。

这条林荫大道从两排茂密的沿海松树中间延伸出来，让我们继续沿着它前行。还是在右边的位置，两幢朴实无华的建筑完美地再现了法西斯主义风格：**市立赌场**（Casino Municipal）和一座现在用来举办**威尼斯国际电影展**（Mostra Internazionale del Cinema）❷的大型展馆。

《蝙蝠侠在威尼斯》是雨果·普拉特为电影节所作的漫画。当时，改编自鲍勃·凯恩（Bob Kane）的漫画作品《蝙蝠侠》的电影正在热映中。

接下来的这幢建筑有着高大的柱廊，在第二次世界大战期间，它被当作德国海事警察局。尽管万般不情愿，雨果·普拉特还是不得不在这里服几周的兵役。它的旁边矗立着一座庄严的摩尔式的建筑——**埃克色尔西奥大饭店**（Grand Hotel Excelsior）❸。

在马可尼滨海大道的尽头，左边一条压实的小路将您引向**穆拉兹**（Murazzi）❹，这是威尼斯共和国筑起的一道坚固的长堤，以抵御海浪的侵袭。我们一边欣赏着左边的大海和右边狭长的植被带，一边在平坦的水泥小径上骑行，朝着小岛南面**阿尔贝罗尼**（Alberoni）的方向进发。沿途中，

托马斯·曼

德国海事警察
丽都岛，威尼斯

我们会发现许多军事建筑。我们将在返回途中参观的**马拉莫科**市镇的钟楼和房屋，它们已经迫不及待地从青翠的草木中露出了自己的身影。经过**圣马可堡垒**（Fortezza di San Marco）❺那长长的尖石城墙后，接着便是一块**小墓地**（Cimitero）。在马拉莫科最新的一批住宅中，有一座带阁楼的高大房屋，阁楼的露台朝向大海，这就是雨果·普拉特的故居。每当这位漫画大师从威尼斯流浪归来后，都喜欢躲在这间屋子里。我们可以顺着一些大理石台阶，从堤坝上走下来，然后继续向着南面前行。

贝尼托·墨索里尼

阿尔贝罗尼

继续前行，一直到**阿尔贝罗尼村**❻，村子里漂亮的广场直接通向潟湖。请您在十字路口右转，在经过教堂和一条长长的船坞之后，我们找到了**威尼斯高尔夫圆球场**（Circolo Golf Venezia）❼的入口。1939年，希特勒和墨索里尼在此相会，二人促膝长谈了数个小时，毫无疑问，这次单独会面影响了欧洲的命运。而今，那儿的一口井是唯一沉默的证人了。

高尔夫俱乐部只在周一的时候对游人开放，到了那天，我们就能在悉心养护的嫩绿草坪上尽情游玩了。小湖和运河点缀着郁郁葱葱的草地。这个球场建在一座古代军事堡垒的遗址上，仍有几座建筑遗迹被完好地保存了下来。告别高尔夫球场之后，有一条宽阔的马路通向轮渡的登船**浮桥**，我们可以再次搭乘“佩莱斯特里纳–基奥贾”（Pellestrina–Chioggia）线的轮渡。左边（相较港口的导航高塔而言）是**罗切特灯塔**（Faro Rocchetta）❽，它是威尼斯三角湾里最美的景观之一，我们需要慢慢欣赏：海港入口设置了两排堤坝，对面是海洋圣母教堂（Santa Maria del Mare）堡垒的白色城墙；右边是八角形的小岛，这些小岛共同组成了防御基地。威尼斯人在此击退了矮子丕平（Pépin le Bref），他是查理大帝的父亲，当时他曾试图用武力攻克这些潟湖岛。在返程途中，让我们

威尼斯式鳕鱼羹

捶打鳕鱼，将它在冰水中放置10至12小时，鳕鱼会自行脱去盐分；然后去皮、剔骨。

在装满水的陶制容器中将其煮熟，当泡沫丰富时关火。

把水沥干，将鳕鱼放入砂锅内，然后加入大量橄榄油、盐和切碎的香芹，同时用力搅拌。

继续搅拌直至鳕鱼化为泥状。

接下来，我们可以就着玉米粥食用它啦！

暂且把轮渡码头留在身后，一起踏上一条潟湖边的小路，绕过老兵营，然后过桥，从造船厂前经过。

过了十字路口之后，继续前行至老灯塔。这个灯塔证明了在一百年前，海浪曾拍打着小岛的这一部分。几米开外的地方，一个小小的考古遗址点曾出土了古代的防护城墙，在当时地图和记载资料的帮助下，我们可以了解到阿尔贝罗尼的这一区域在当时是多么的脆弱和不堪一击。右侧高耸的沙丘上覆盖着一种当地特有的植被，在亚得里亚海海岸上，这是该品种最后的样本了。让我们往回走，顺着潟湖马路前往马拉莫科。

马拉莫科

这是一座独具特色的小镇，时间在这里好像停止了，环绕着广场和小巷的数条运河赋予它一种类似威尼斯的感觉。

马拉莫科（Malamocco，罗马时期名为 Metamaucum）⑨曾经是富庶城市帕多瓦的港口。

从 742 年到 811 年，总督一直将自己的府邸安置在此，直到岛上的居民迁居到里沃埃托岛，后者能提供更多的安全保障，并因此诞生了水城威尼斯。

让我们踏上河岸街，一直走到**百草广场**（Piazza delle Erbe）。过去这儿曾是一块锚地，菜农们在这儿将蔬果装载进货船，运送到威尼斯的各个市场上去。对面是**波尔戈桥**（Ponte di

Borgo），它有着优雅的桥拱和两扇大门，曾是进入这里的唯一入口。在它们的旁边，富丽堂皇的**波尔戈宫**（Ca' del Borgo）俯瞰着广场。

让我们踏上这个曾经的海港，向着过去的商业区走去。通过魅力十足的圣母大街（Calle della Madonna），我们就到了**马焦雷广场**（Piazza Maggiore）。在广场中央，那六边形的井上放置着皮萨尼（Pisani）家族的武器，因为在 1537 年该家族的一位成员曾是马拉莫科的最高行政长官。

另一个广场是教堂的广场，广场上有两座漂亮的石井栏和一块刻着旗帜的石碑。坐着的狮子、合上的书本，这一切皆表明当时人们正处于战争时期。事实上，这些可以追溯到当时和土耳其的一场大战。在马拉莫科，这种雕刻狮子的数目尤为庞大。1797 年，当威尼托陷入奥地利人的统治之

马拉莫科纹章

下时，它们躲过了威尼斯城市中那些石刻狮子的命运。当时，一群石匠奉命清理掉城中不可胜数的狮子，这些可都是威尼斯共和国的象征。

圣母升天教堂（Chiesa di Santa Maria Assunta）是 12 世纪的建筑。一间独一无二的大殿构成了教堂内廷，里面藏有吉多拉莫·福拉博斯科（Girolamo Forabosco）的一幅精美油画，还有一幅令人不安而有些怪诞的无名画作，上面描绘的是一场驱魔祭祀。

在教堂出口处的右侧，我们能注意到一幢美轮美奂的房屋，它有着哥特风格的窗户。它的对面是**普雷托利奥宫**（Palazzo Pretorio），从 1339 年起，这里就是管理马拉莫科的最高行政长官的办公场所。建筑外墙上有两枚盾徽：右边是 16 世纪的一头漂亮的狮子，左边则是一头鹿，胸前挂着马拉莫科的兵器——一面盾和一个十字架。

在离开马拉莫科之前，让我们最后望一眼这座小镇和对面美丽的**波维利亚岛**（Poveglia）。就像潟湖上的许多岛屿一样，它也被弃置不顾。这一令人愤慨的现实大概需要一个单独的章节来描述；事实上，这一宏伟的历史和建筑遗产，这份无价之宝，还是无可挽回地因人们的疏漏而被破坏。

让我们沿着一条长约 3 千米的大路返回丽都岛北部。

由帕拉弟奥设计，建于 1527 年的

皮萨尼赌场（Casino Pisani）就在附近。这是丽都岛上唯一一个可供威尼斯贵族进行“脑力娱乐”的场所。20 世纪 30 年代，它最终被关闭。让我们选择一条边上有树的道路，一起返回**圣玛利亚·伊丽莎白广场**吧！

丽都岛的圣尼科洛教堂

让我们踏上沿潟湖的马路，来到北面**丽都岛的圣尼科洛**（San Nicolò al Lido）小村庄。

行至 1 千米的时候向右，在轮渡码头的附近，一排栅栏和边上长满了柏树的围墙正朝着**犹太人古墓地**（Antico Cimitero Israelitico）⑩ 的方向。附近这片围起来的宽阔土地是 1389 年时威尼斯共和国授予犹太社群的。古老的石柱和墓碑上面长满了蕨类植物和常青藤，这些石碑多来自奥斯曼帝国，它们赋予了这个忧郁的寂静角落一种强烈的魅力。

附近是新教徒的古墓地，歌德曾在自己的作品《意大利游记》中详细描述过这块地方，不过后来它也被废弃了。

圣尼科洛教堂（San Nicolò）⑪ 位于桥的另一边；两棵高耸入云的大树像两个护卫，守护在总督多梅尼科·孔塔里尼（Domenico Contarini）的纪念碑（1071 年）前。每年，在海洋婚约（Sposalizio del Mare）的典礼之后，总督和最高执政团（Signoria，即十人委员会）会来到圣人的遗骸前祭拜，这位圣人被威尼斯人视为所有海上旅人的保护人。

除了随处可见的帕尔马·乔瓦尼的精美画作，教堂还以自己的挂钟为

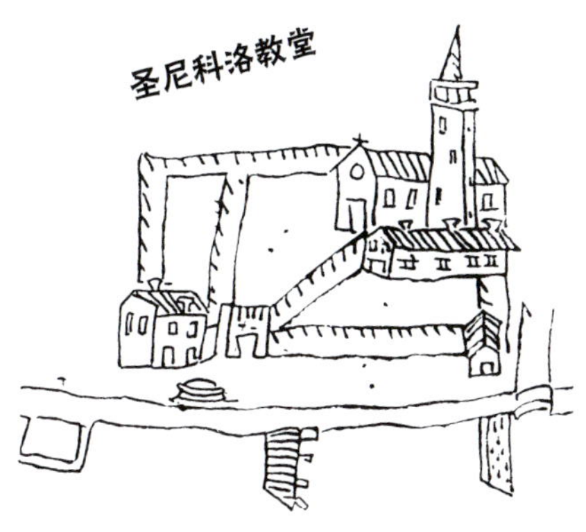

圣尼科洛（3世纪）是航海者和被压迫人民的保护神。1100年，威尼斯十字军骑士从米拉（土耳其语：Myra，在今土耳其境内）带回了他的遗骸，并将这些遗骸存放在丽都岛的圣尼科洛教堂内。圣尼科洛既非修道士，也不是殉教者，他只是一位被世俗政府任命的善良主教，并受到人民的敬重和爱戴。他的声望一直延续到中世纪，人们将各种奇迹般的转机都归功于他的庇佑。

荣：1571年，这口钟第一个宣告了勒班陀战役的伟大胜利，这一事件标志着土耳其人在地中海上航海霸权的终结。

教堂附近是一座古老的本笃会修道院，它有着漂亮的威尼托－拜占庭风格的柱头和一条迷人的回廊。回廊内有一座高大的石井栏（1530年），还有一扇优雅的铁铸拱门。

教堂旁，一座庄严的宫殿屹立在侧，贵族们曾在此居住。事实上，圣尼科洛的集市是耶稣升天节的一大亮点。这里的景色让人印象深刻：威尼斯就在附近，圣安德烈城堡矗立在最前面，而一条由小岛连成的“项链”出现在天边。它们是城市的入口，阻止敌人的靠近。

尼切利机场

在回程途中，沿着左侧的一条小运河，我们到达了**尼切利机场**（Aeroporto Nicelli）⑫的入口处，这个机场用于停放私人飞机。酒吧露台是这个私人场所的绝佳观测点。今天，整栋建筑得以重新翻修，准备作为一座全新的候机大楼投入使用。1202年左右，小岛的这块地方变成一片辽阔的临时军队驻扎地。

看着丽都岛海滨浴场上五颜六色的帐篷，我们饶有兴趣地陷入思考，毕竟，岛上第一批游客正是这些十字军骑士。

这个巨大的战时军营被迫滞留在丽都岛的圣尼科洛教堂，这一切皆因十字军的指挥官们无力使威尼斯当局接受他们的军队向东方行进的计划。尽管年岁已老，总督恩里科·丹多洛（Enrico Dandolo）还是以巨大的智慧和魄力，阻止了这支被当作人质的军队进入城中。于是，在获得登船许可之前，饥饿而疲惫不堪的骑士们有时不得不等待 8 个多月的时间。

据说，法国和欧洲骑士团的精英走遍了整座小岛，就是为了寻找蟹和一些软体动物来缓解饥饿。根据骑士团的规章，死去的骑士们，连同他们的旗标和盔甲，一起被埋葬在临近大海的地方。他们的战友离去了，海边的风沙很快掩盖了这块特殊的坟墓，人们也将它遗忘。

机场的扩建让这一景点终于有机会重见天日，但遗憾的是，只持续了很短的时间。人们没有对它进行最低限度的保护，这一切都被掩埋在水泥之下。丽都岛丰富的过去，就这样奉献给了这片全新的区域。

在离开机场的时候，请您踏上左边的这条路：一架军事测距仪竖立在

右边，而一座野外防御工事的高墙就在一块运动场的边上。拜伦在这里布置了一间小马厩，他每天都到这里来骑上好一会儿马。

在这条路的尽头，我们在左侧看到一条沿着大海的马路，很快，就是布钦多洛广场了，在大海和潟湖之间游玩之后，我们可以在这里归还自行车。

托切罗岛

在潟湖东北面，四面环水，万籁俱静。“威尼斯–布拉诺岛–托切罗岛”（Venezia–Burano–Torcello）航线通往新运河大道。当富庶的城市阿尔蒂诺（Altino）遭遇匈奴人的威胁时，这座岛被当地人民当作避难所，并很快成

瓜尔迪所画的圣安德烈城堡

为海上交通的重要枢纽。岛上人口稠密，主要收入来自兴旺的羊毛业。过去小岛面积更大，岛上还有许多教堂和修道院，但现在，这些威尼斯的早期建筑已所剩无几。

下了船，在到达**魔鬼桥**（Ponte del Diavolo）之前，我们沿着一条狭长的运河前行。这里十分安静，传说中，魔鬼会在12月24日的午夜出现在这里，化成一只黑猫的形状，袭击一位漂亮的威尼斯女子和一位年轻的奥地利官员。

我们在另一边看到了**洛坎达·西普阿尼餐馆**（Locanda Cipriani），海明威从潟湖打猎归来时，常常光顾此地——这使他获得了创作《过河入林》的灵感。更远的地方，在一座小广场的中间，有一个古代的重型大理石座位，曾被当作司法的象征。传说这是匈奴王阿提拉（Attila）的王座。向左前行，我们见到了散落在草地上的罗马圣洗堂遗迹。右侧矗立着**圣福斯卡小教堂**（Chiesa di Santa Fosca，11—12世纪），然后是庄严的**圣母升天圣殿**（Basilica di Santa Maria Assunta），这是一座威尼托－拜占庭风格的建筑。一段珍贵的说明文字表明，这座教堂是在拜占庭皇帝赫勒克留（Heraclius）统治时，拉文纳总督伊萨克（Isaac）下令，于639年建造的。

教堂内，大理石和18根华丽的希

腊圆柱赋予它古代特色，充满了神秘主义的味道。

引人注目的拜占庭风格镶嵌画装饰着大部分地面和墙壁，其中最大的一幅不禁让人想起《最后的审判》（身上背着褡裢的魔鬼和大天使米歇尔争夺灵魂）。

我们建议您去游览庄严朴素的**钟楼**：钟楼高处的景色十分迷人。

布拉诺岛

布拉诺岛在离威尼斯 8 千米的地方。我们从新运河大道出发。青枝绿叶的菜园、五颜六色的房屋为这座多元素结合的小岛平添了几分欢乐的气息。

这个面积不大的景点因其针织花边学校而享誉海外。自 16 世纪起，布拉诺岛就是奇妙艺术的殿堂，在针织方面独具特色。

这也是一座渔岛，许多沿着浮桥和运河停靠的小船刚好证实了这一点。

除了**花边装饰艺术博物馆**（Museo del Merletto），您一定要去参观**圣马丁诺教堂**（Chiesa di San Martino），它有一座令人难以置信的倾斜钟楼；记得还要在餐馆周围转一圈，尝尝那儿的鱼肉。

祭司王约翰

这个神秘的传奇人物一直吸引着历史学家和地理学家的目光。这个既有权势又极其富裕的基督教君主［在弗赖辛主教奥托于 1145 年左右所著的《双城史》（*Chroniques*）中，我们第一次看到他的出现］生活在一个遥远的地区，人们有时会将其定位在印度，有时定位在非洲（埃塞俄比亚或努比亚）。他致信给拜占庭皇帝曼努埃尔一世和腓特烈一世，建议他们建立军事联盟以抵御撒拉逊人的威胁。（马可·波罗在他的《马可·波罗游记》中把祭司王约翰看作一位皈依基督教的蒙古王子，相传他勇敢地拒绝了和成吉思汗的女儿成婚。这是对王权不可接受的冒犯，于是引发了一场战争，约翰在战争中战败并被处死。）

穆拉诺岛上的圣玛利亚与圣多拿狄圣殿

到达码头后，请您向右走。在穿过一座公共花园，并过了一座长长的木桥后，您可以在相邻的**马佐尔博岛**（Mazorbo）上散步，这里非常值得一游。

圣弗朗西斯－德塞尔岛

这座风光旖旎的小岛就在布拉诺岛附近，青翠的柏树环绕着小岛。传说中，亚西西的圣方济各（Saint François d'Assise）从叙利亚返回的途中，乘坐的是一艘威尼斯小船，他将船停靠在小岛边，并在岛上建了一座修道院。修士们今天还能看到的松树就是那时候他在这里种下的一根枝丫。科多·马第斯就是在这里遇见了修士塞拉弗，他向科多展示了黄金国（Eldorado）的地图。他还获取了一件文书，证明神秘的传奇人物祭司王约翰（见前页）是存在的。这座岛上的自然风光无与伦比，我们可以在这片充满感染力的宁静中游览小岛。这是潟湖上最引人注目的地方之一。

16 世纪的玻璃酒杯

穆拉诺岛

再坐几分钟的船就可以到达**火岛**了，这个名字是为了纪念这里的所有高炉炼铁厂，为了防止威尼斯发生火灾，它们都被转移到了这座岛上。今天，它们仍用来实现沙子、碳酸盐和火的神奇结合——制作**玻璃**这一世界知名的材料。几个世纪间，许多炼金术士来到这里进行伟大事业的研究，因为同样的契机，他们成功地在炼化过程中烧制出多种不同颜色的玻璃。

岛上遍布着教堂和修道院。小岛有自己的政府机构，16 世纪是其最为鼎盛的时期。一切事物都十分完美，它享有轧制专属货币的特权。和威尼斯一样，穆拉诺岛被一条宽阔的运河一分为二。这里有一座漂亮的**玻璃博物馆**（Museo del Vetro），馆内集中了做工精美、世所罕见而富有想象力的玻璃艺术品，非常值得我们去探索。

离开了博物馆，让我们踏上朱斯蒂尼亚尼河畔（Fondamenta Giustiniani），前往圣多拿狄广场（Campo San Donato）。在这里，一排威尼托－拜占庭风格的花饰将会映入眼帘：这就是**圣玛利亚与圣多拿狄圣殿**（Basilica di Santa Maria e San Donato），几乎和圣马可教堂同时代的建筑。大殿内，在拉丁十字架形状的平台上，我们可以欣赏到一艘由希腊大理石圆柱支撑的木制大帆船，圆柱上有着精美的柱头，与此同时，地面上全部铺盖着拜占庭风格的镶嵌画，镶嵌画的内容由神奇的几何图案和各种动物形象组成。

参观过博物馆、纪念碑和教堂后，在这个“小威尼斯”中找些吃的，对您来说将不是什么难事。“小威尼斯”这个称号在18世纪时家喻户晓，这都是因为它那热闹的夜生活和它那随处可见的著名舞厅和宴会厅。灯火辉煌的贡多拉上装饰着彩色纸带卷，带着威尼斯贵族去参加在穆拉诺岛的宫殿里举行的奢华宴会。就是在这里，卡萨诺瓦结束了他和一位出身神秘的修女M.M.的风流韵事。

“一条船就是一个家”

这句古老的威尼斯格言用在这里再合适不过了。

我们可以追溯到很久以前，对于威尼斯人和居住在三角湾的居民来说，在困难甚至是敌对时期，船是生存必不可少的工具。

东哥特国王狄奥多里克（Theodoric）的使臣——卡西奥多罗斯（Cassiodore）在一封写于538年左右的信中，为我们提供了详细的证据：“您把您的船拴在墙上，这就和居住在陆地上的人们对待家畜没什么两样。”

因此，运输、交流、贸易以及在整座城市穿梭往来的闲适，都依托于这一交通工具——船。

潟湖就是一座由狭长的运河、数不清的小岛和长长的沙带构成的真正的迷宫，需要一种特殊的平底小船才能克服所有的路障。由于其出色的装配生产线和强大的生产力，兵工厂就负责生产大型的双桅商船和战船。桑多洛（Sandolo），用于小型运输或作渔船；卡洛琳娜（Caorlina），负责将菜农的产品运到城市；佩塔（Peata），制作于小船坞的大型船，用来运送比较贵重的货物。造船工“斯特里”（squeri）能够整体建造每种类型的小船，并保证它们的日常养护。

一座真正的造船工学校就建在圣特洛瓦索教堂（Chiesa di San Trovaso）附近，1612年，它有超过60名工头和一群学徒。时至今日，很遗憾，只剩下不超过3名造船工了，而且还都在困境中苟延残喘！

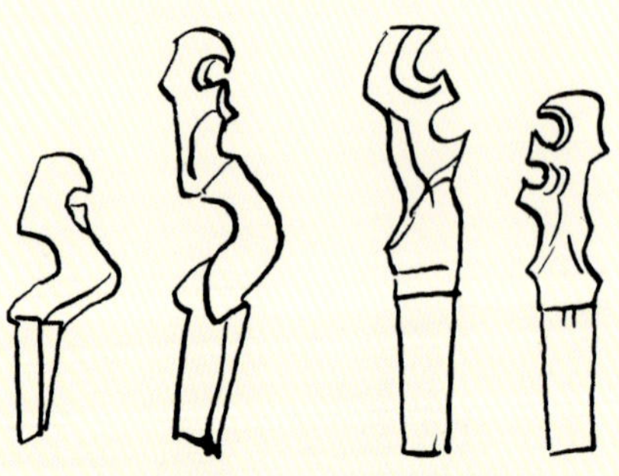

不同类型的船桨支架，船桨就放置在这里。

桑多洛的铁船头

除了众所周知的贡多拉，在威尼斯和潟湖上还存在着一批各种各样的快艇，它们体型较小或中等，每一种都呈现出适应其用途的特性。

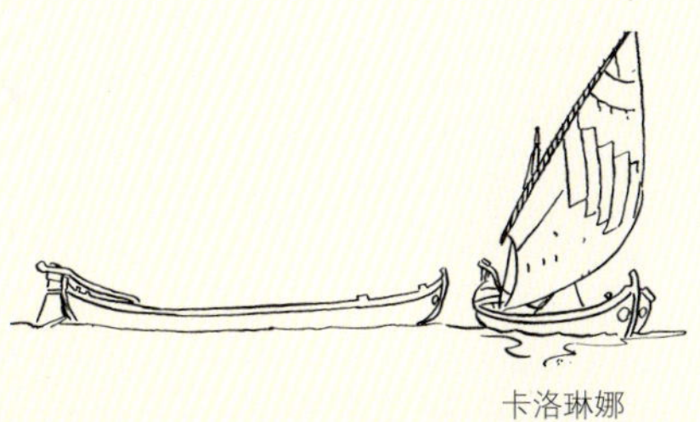

卡洛琳娜

贡多林洛（Gondolino）是参加传统赛艇会的划船健将的选择，桑皮罗塔（Sampierota）是一种配有帆的坚固渔船，还有布拉果兹（Bragozzo）、托帕（Topa）、布拉加纳（Bragagna）等其他船型。维佩拉（Vipera）因其独特的外形，值得特别一提：它没有船尾，但有两个一模一样的船首。奥地利的海关警署用它来追捕盐贩子，维佩拉能够使这些警察瞬间变换方向，不用再折回去调转方向，只需向另一个方向划桨即可！

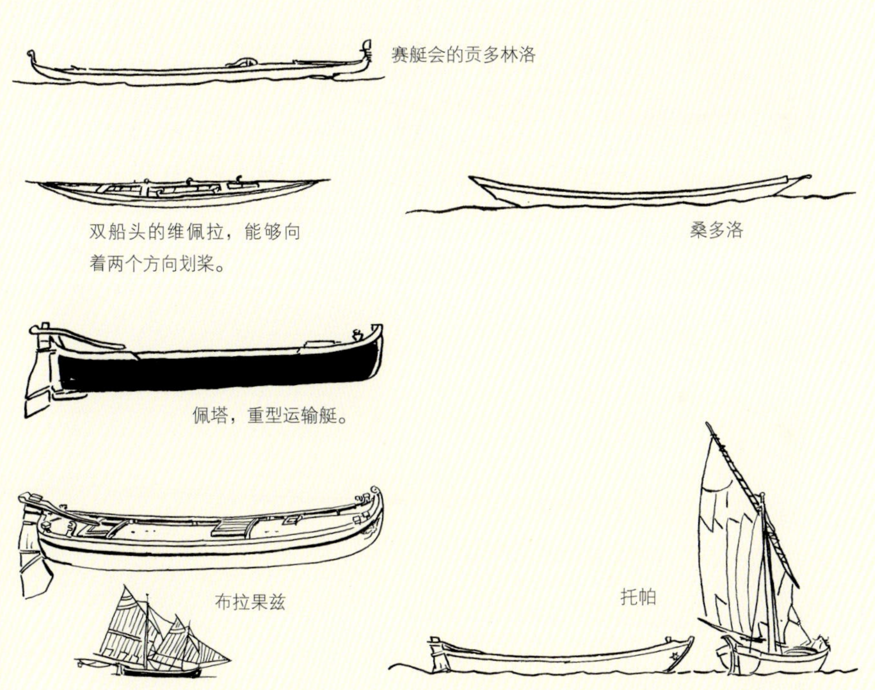

赛艇会的贡多林洛

双船头的维佩拉，能够向着两个方向划桨。

桑多洛

佩塔，重型运输艇。

布拉果兹

托帕

一些意大利语表达

基础用语

你好。
Buon giorno.

再见。
Arrivederci.

请。
Per favore.

（非常）感谢。
Grazie (mille).

是的/不是。
Sì/No.

您会说中文吗?
Parla Cinese?

不，我不会。
No, non capisco

我想……
Vorrei...

这个多少钱?
Quanto costa?

是吗?
Chi?

什么?
Che cosa?

什么时候?
Quando?

在哪里?
Dove?

怎么样?
Come?

日期和时间

星期一
lunedì

星期二
martedì

星期三
mercoledì

星期四
giovedì

星期五
venerdì

星期六
sabato

星期天
domenica

现在是什么时间?
Che ore sono?

今天
oggi

明天
domani

昨天
ieri

交通

几点出发……?
A che ora parte...?

我在哪里可以买到票呢?
Dove posso comprare un biglietto?

需要多长时间?
Quanto (tempo) ci vuole?

哪趟车到……去?
Questo autobus va a...?

检票
convalida

车站
stazione

乘火车
con il treno

飞机
l'aereo

汽车租赁
autonoleggio

街、路
strada

方向

一张地图
una cartina

……在哪里?
Dov'è?

直走
Vada sempre dritto.

左转
Giri a sinistra.

右转
Giri a destra.

街
via

小道
vicolo

广场
piazza

旅行

博物馆几点开门?
A che ora apre il museo?

……几点关门?
A che ora chiude?

票
biglietto (s), biglietti (pl)

宫殿或某建筑
palazzo (s), palazzi (pl)

博物馆
museo

绘画博物馆
pinacoteca

洗礼小教堂
battistero

教堂
chiesa

修道院
chiostro

岛
isola

餐饮

早餐
(prima) colazione

午餐
pranzo

晚餐
cena

这是什么?
(Che) cos'è?

开胃菜（前菜）
primo piatto

主菜
secondo piatto

配菜
contorno

餐位费
coperto

服务
servizio

一家餐厅
un ristorante

酒吧/传统酒馆
osteria (s), osterie (pl)

酒肆/品酒吧
enoteca

冷饮店
gelateria

面包店
fornaio/panetteria

糕点铺
pasticceria

熟食店
salumeria

食品杂货店
alimentari

数字

1	uno	11	undici	21	ventuno
2	due	12	dodici	22	ventidue
3	tre	13	tredici	30	trenta
4	quattro	14	quattordici	40	quaranta
5	cinque	15	quindici	50	cinquanta
6	sei	16	sedici	60	sessanta
7	sette	17	diciasette	70	settanta
8	otto	18	diciotto	80	ottanta
9	nove	19	diciannove	90	novanta
10	dieci	20	venti	100	cento

图书在版编目（CIP）数据

漫步威尼斯 /（意）雨果·普拉特绘；（意）吉多·富加，（意）莱尔·维亚内洛编；李甜译 . -- 成都：四川美术出版社，2020.10
书名原文：Venise Itinéraires avec Corto Maltese
ISBN 978-7-5410-9415-6

Ⅰ . ①漫… Ⅱ . ①雨… ②吉… ③莱… ④李… Ⅲ . ①旅游指南—威尼斯 Ⅳ . ① K954.69

中国版本图书馆 CIP 数据核字 (2020) 第 159250 号

著作权合同登记号　图进字 21-2020-214

漫步威尼斯

MANBU WEINISI

[意]雨果·普拉特 绘　[意]吉多·富加　[意]莱尔·维亚内洛 编　李　甜 译

选题策划　后浪出版公司　　出版统筹　吴兴元
编辑统筹　杨建国　　责任编辑　陈　玲
特约编辑　刘铠源　　责任校对　杨 东　谭云红
责任印制　黎　伟　　营销推广　ONEBOOK
装帧制造　墨白空间·冰雪
出版发行　四川美术出版社
（成都市锦江区金石路 239 号 邮编：610023）
成　　品　160mm × 225mm
印　　张　10
印　　数　1—5000 册
字　　数　195 千字
图　　幅　229 幅
印　　刷　天津图文方嘉印刷有限公司
版　　次　2020 年 10 月第 1 版
印　　次　2020 年 10 月第 1 次印刷
书　　号　978-7-5410-9415-6
定　　价　52.00 元

读者服务：reader@hinabook.com 188-1142-1266
投稿服务：onebook@hinabook.com 133-6631-2326
直销服务：buy@hinabook.com 133-6657-3072
网上订购：https://hinabook.tmall.com/（天猫官方直营店）